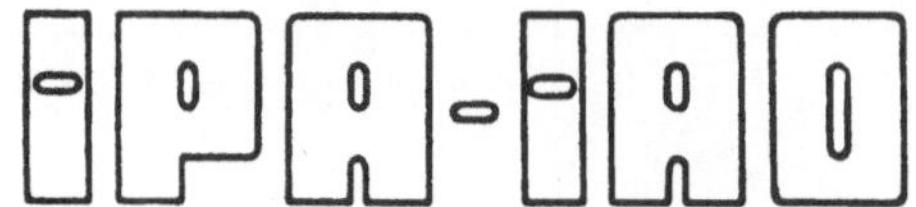

Forschung und Praxis

Band T 18

Berichte aus dem
Fraunhofer-Institut für Produktionstechnik
und Automatisierung (IPA), Stuttgart,
Fraunhofer-Institut für Arbeitswirtschaft
und Organisation (IAO), Stuttgart, und
Institut für Industrielle Fertigung und
Fabrikbetrieb der Universität Stuttgart

Herausgeber: H. J. Warnecke und H.-J. Bullinger

Rechnerunterstützte Arbeitsplatzgestaltung

IAO-Forum
26. September 1990

Herausgegeben von H.-J. Bullinger

Springer-Verlag
Berlin Heidelberg New York
London Paris Tokyo Hong Kong 1990

Dr.-Ing. Dr.h.c. Dr.-Ing. E.h. H.J. Warnecke
o. Professor an der Universität Stuttgart
Fraunhofer-Institut für Produktionstechnik und Automatisierung (IPA), Stuttgart

Dr.-Ing. habil. H.-J. Bullinger
o. Professor an der Universität Stuttgart
Fraunhofer-Institut für Arbeitswirtschaft und Organisation (IAO), Stuttgart

ISBN-13: 978-3-540-53140-1   e-ISBN-13: 978-3-642-46720-2
DOI: 10.1007/978-3-642-46720-2

Gesamtherstellung: Copydruck GmbH, Heimsheim
2362/3020-543210

VORWORT

Die Arbeitsplatzgestaltung ist eine wichtige Aufgabe in der industriellen Praxis. In der Montage und Teilefertigung aber auch in Fahrzeugen ist die richtige Gestaltung der Mensch-Technik-Schnittstelle von besonderer Bedeutung. Auch der Gesetzgeber fordert im Betriebsverfassungsgesetz die Berücksichtigung gesicherter arbeitswissenschaftlicher Erkenntnisse bei der Gestaltung von Arbeitsplätzen.

Ein ergonomisch gestalteter Arbeitsplatz ist Voraussetzung für den wirtschaftlichen Einsatz der menschlichen Arbeit. Ergonomisch unzureichend gestaltete Arbeitsplätze beeinträchtigen das Wohlbefinden, die Leistungsbereitschaft und -fähigkeit sowie die Gesundheit der arbeitenden Menschen. Wirkt die Umsetzung ergonomischer Erkenntnisse bei der Arbeitsgestaltung allein noch nicht motivierend, so bildet sie doch die unerläßliche Basis, auf der persönlichkeitsförderliche und motivierende Formen der Arbeitsgestaltung aufbauen können.

Der zunehmende Einsatz von Rechnern in der Konstruktion und Arbeitsgestaltung bietet neue Möglichkeiten, Methoden und Verfahren zur ergonomischen Arbeitsplatzgestaltung effizient und wirtschaftlich einzusetzen. Gerade die Verbindung solcher Verfahren mit CAD-Systemen schafft optimale Voraussetzungen für die konsequente Umsetzung ergonomischer Erkenntnisse in der Arbeitsplatzgestaltung.

Innerhalb des Forums werden unterschiedliche Ansätze der rechnerunterstützten Arbeitsplatzgestaltung aufgezeigt, die sich in der Praxis bewährt haben. Der Schwerpunkt liegt dabei auf Methoden zur maßlichen und bewegungstechnischen Gestaltung von Arbeitsplätzen. Ihre Vor- und Nachteile werden diskutiert und ihre Einsatzbedingungen beschrieben.

Stuttgart, September 1990   Prof. H.-J. Bullinger

INHALT

Methodenspektrum der rechnerunterstützten Arbeitsplatzgestaltung

P. Kern, W. Bauer

INHALTSVERZEICHNIS

1   EINLEITUNG

Seit vielen Jahren werden intensive Bemühungen unternommen, die Arbeitsbedingungen der in Industrie, Handwerk, Handel, Verwaltung und Dienstleistung tätigen Menschen zu verbessern. Arbeit menschengerecht zu gestalten, ist eine interdisziplinäre Aufgabe, zu deren Bewältigung Methoden und Erkenntnisse unterschiedlichster Forschungsrichtungen eingesetzt werden müssen. Eine wichtige Bedeutung kommt dabei der Ergonomie zu, die, selbst wiederum interdisziplinär forschend, die Grundlagen für eine menschengerechte Arbeitsgestaltung schafft. Ein ergonomisch gestalteter Arbeitsplatz ist Voraussetzung für den wirtschaftlichen und humanen Einsatz der menschlichen Arbeit. Ergonomisch unzureichend gestaltete Arbeitsplätze beeinträchtigen das Wohlbefinden, die Leistungsbereitschaft und -fähigkeit sowie die Gesundheit der arbeitenden Menschen. Die Umsetzung ergonomischer Erkenntnisse bei der Arbeitsgestaltung wirkt allein noch nicht motivierend auf die Mitarbeiter. Sie bildet jedoch die unerläßliche Basis, auf der persönlichkeitsförderliche und motivierende Formen der Arbeitsgestaltung aufbauen können.

Werden die derzeit laufenden nationalen und internationalen Forschungsarbeiten in der Ergonomie bezüglich ihrer Zielsetzung betrachtet, so ist festzustellen, daß zunehmend ein Schwerpunkt auf die Gewährleistung einer natürlichen und beanspruchungsmindernden Körperhaltung bei der Arbeit gelegt wird. Dies kann besonders am Beispiel der Rückenbeschwerden von Mitarbeitern plausibel gemacht werden. Diese Beschwerden sind oft auf ungünstige Gestaltungszustände von Arbeitsmitteln zurückzuführen. Zur Illustration der Bedeutung dieses Sachverhalts seien einige Zahlen genannt. Nach Aussage der Krankenkassen und Rentenversicherungsträger der Bundesrepublik Deutschland stehen 20 % aller Krankmeldungen und 50 %- 60 % aller Anträge auf Frühinvalidität im Zusammenhang mit Erkrankungen der Wirbelsäule (weichteilrheumatische Beschwerden und degenerative Wirbelsäulendefekte) /Borowski, 1981 und Braun, 1988/. Die Zahl der durch diesen Krankenstand ausfallenden Arbeitstage wird auf rund 9 Millionen pro Jahr geschätzt. Die enorme gesundheits- und gesellschaftspolitische Bedeutung dieser Beschwerden wird zudem verdeutlicht, indem man sich vor Augen führt, daß nur 50 % aller Patienten, deren Krankheitsprozeß über sechs Monate andauert, jemals wieder zur Arbeit zurückzukehren /Miltner, 1986/.

Es sind noch nicht alle Ursachen für diese gesundheitliche Beeinträchtigung in vollem Umfang geklärt. Es kann jedoch davon ausgegangen werden, daß ungünstige, den Stützapparat beanspruchende Körperhaltungen, unzulängliche Bewegungsräume, schlechte maßliche und bewegungstechnische Bedingungen - verstärkt unter Einfluß von Kräften und Momenten - am Arbeitsplatz, an der Entstehung der Rückenbeschwerden beteiligt sind. Das Auftreten der Beschwerden wird, bezogen auf das Lebensalter, dadurch beschleunigt.

Um negative Einflüsse auf die Gesundheit der arbeitenden Menschen zu vermeiden, einen positiven Beitrag zur Erhaltung der Leistungsfähigkeit und -bereitschaft sowie des Wohlbefindens bei der Arbeit zu leisten, werden derzeit verstärkt in Forschung und Praxis Methoden und Hilfsmittel für die maßliche und bewegungstechnische Arbeitsgestaltung entwickelt und vorgestellt. Von besonderem Interesse sind dabei Methoden und Werkzeuge, die mit Rechnerunterstützung arbeiten.

2 RECHNERUNTERSTÜTZTE ARBEITSPLATZGESTALTUNG

Der zunehmende Einsatz von CAD-Systemen in Entwicklungs-, Konstruktions- und Planungsabteilungen unserer Unternehmen ermöglicht es und macht es aber auch gleichzeitig erforderlich, computerunterstützte Gestaltungsmethoden im Bereich der ergonomischen Arbeitsplatzgestaltung einzusetzen. Dabei ist eine Vielzahl ergonomischer Gestaltungsbereiche für die Anwendung rechnerunterstützter Gestaltungs- und Planungssysteme interessant: Layoutgestaltung, Gestaltung und Anordnung von Anzeigen und Stellteilen, Sichtgeometrie, Bewegungsräume, Körperkräfte, Sitzgestaltung und ergonomische Gestaltung der Arbeitsplatzumgebung.

Rechnerunterstützte Gestaltungsmethoden können dabei sowohl in der Konzeptions- und Planungsphase beim Gestalten und Konstruieren aber auch für die Analyse und Evaluierung von Arbeitssystemen eingesetzt werden.

In diesem Beitrag sollen die Einsatzmöglichkeiten, Entwicklungsperspektiven und prognostizierten Anwendungsbereiche computerunterstützter Arbeitsplatzgestaltungsmethoden dargestellt und erläutert werden. Dies erfolgt weitgehend aus der Sicht der angewandten Wissenschaft und wird in den nachfolgenden Beiträgen sowohl von wissenschaftlicher Seite als auch von Anwender- und Nutzerseite weiter reflektiert.

Computerunterstützte Arbeitsplatzgestaltung bedeutet dabei grundsätzlich die Anwendung ergonomischer Modellansätze und Methoden, die die Eigenschaften von Menschen und ihre Beziehungen zur Arbeitsaufgabe, der Arbeitsplatzausrüstung und der Arbeitsumgebung beschreiben.

3   NOTWENDIGKEIT DER RECHNERUNTERSTÜTZUNG

Unsere Erfahrungen aus einer Vielzahl von Forschungs- und Beratungsprojekten in der Industrie haben gezeigt, daß die ergonomische Qualität heutiger manueller Arbeitsplätze noch längst nicht ausreichend oder gar befriedigend ist. Die Gründe hierfür sind vielschichtig (vgl. Bild 1). Infolge kürzer werdender Innovationszeiten werden auch die Zyklen für die Gestaltung und Planung von Arbeitsplätzen immer kürzer, was zu höherem Aufwand führt, der dann häufig nicht betrieben wird. Und die Gestaltungs- und Planungsaufgaben werden immer komplexer, wodurch viele Verantwortliche schlichtweg überfordert werden.

Auf der anderen Seite hat das ergonomische Wissen sowohl auf Universitätsseite als auch auf Seiten der in angewandter Wissenschaft tätigen Institute ein sehr hohes Niveau erreicht, das es gilt, auf breiter Front umzusetzen.

Bild 1:   Gründe für den Einsatz rechnerunterstützter Methoden zur Arbeitsplatzgestaltung

Daneben wächst auch bei den Betroffenen Werkern und Beschäftigten in den Betrieben immer mehr die Sensibilisierung für das Thema Ergonomie. Die Qualität der Arbeit und damit auch des Arbeitsplatzes selbst bekommt in Folge eines sich wandelnden Wertegefühls in unserer Gesellschaft einen immer höheren Stellenwert. Einher geht diese Entwicklung mit einem stürmischen Einzug vielfältiger CA-Techniken in alle Bereiche der Entwicklung, Planung und Gestaltung. CAD ist das beste Beispiel für diesen Prozeß.

Alle vorgenannten Gründe machen es notwendig und gleichzeitig sinnvoll, computerunterstützte Methoden der Arbeitsplatzgestaltung gezielt einzusetzen.

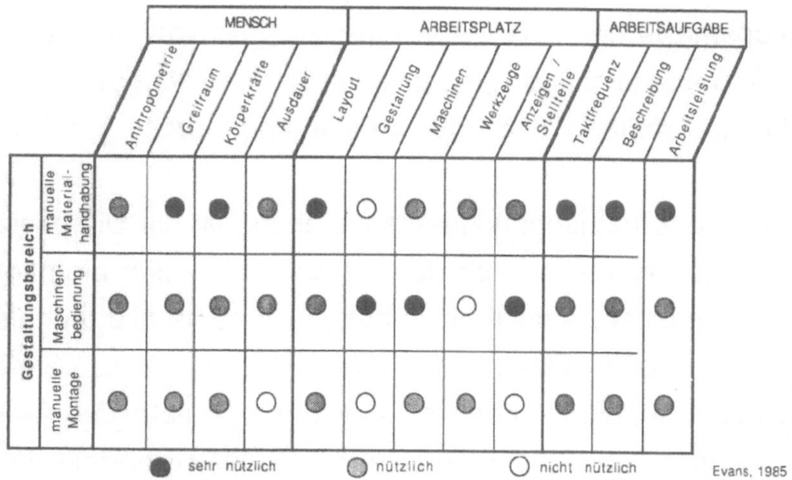

Bild 2:   Nutzen ergonomischer Informationen für die
Arbeitsplatzgestaltung (Evans, 1985)

In diesem Zusammenhang sind die Ergebnisse einer amerikanischen Untersuchung
sehr interessant (vgl. Bild 2). Hier wurden mehr als 200 Ingenieure nach dem Nutzen
ergonomischer Informationen für die Arbeitsplatzgestaltung befragt. Dabei zeigte sich,
daß für unterschiedliche Planungsaufgaben unterschiedliche Nützlichkeitsgrade ergonomischer Informationen vorhanden sind. Insbesondere bei Gestaltungsaufgaben im
Bereich der manuellen Materialhandhabung sind die entsprechenden Ergonomieinfor-
mationen sehr hilfreich; etwas im Gegensatz zur manuellen Montage. Daneben konnte
gezeigt werden, daß nicht einzelne Informationen ausreichen, sondern eine ganze
Bandbreite ergonomischen Wissens notwendig ist, eine entsprechende Planungs-
aufgabe erfolgreich durchzuführen.

Von besonderer Bedeutung für alle Arbeitsplatzgestaltungsfragen sind dabei die maßlichen und bewegungstechnischen Fragen, welche insbesondere für die räumliche
Struktur des Arbeitsplatzes verantwortlich sind.

4   BEDEUTUNG DER ANTHROPOMETRISCHEN ARBEITSGESTALTUNG

Die Anthropometrie ist eine Humanwissenschaft, die sich mit der Vermessung und maßlichen Beschreibung des menschlichen Körpers beschäftigt /Schmidtke, 1981/. Sie liefert
statische und dynamische Maße, die nach Differenzierungsmerkmalen, wie Alter, Geschlecht, ethnische Gruppenzugehörigkeit und Körperkonstitution zur Verfügung gestellt

werden /Jürgens, 1975/. Dieses Maßsystem wird anthropometrische Datenbasis oder Körpermaßsystem genannt. Statische Maße beschreiben den Abstand zwischen festen anatomischen Bezugspunkten und werden auch Strukturmaße genannt. Dynamische Maße oder Funktionsmaße beinhalten die Abmessungen von Reichweiten und Bewegungsräumen unter Berücksichtigung natürlicher Körperbewegungen /Pheasant, 1986/. Dynamische Maße sind abhängig von der jeweils eingenommenen Körperhaltung.

Die Aufgabe der anthropometrischen Arbeitsgestaltung ist die Dimensionierung der Mensch-Arbeitsmittel-Schnittstelle nach den Körpermaßen und biomechanischen Eigenschaften des Menschen. Als Arbeitsmittel sollen dabei alle technischen Systemkomponenten des Arbeitssystems verstanden werden. Dazu zählen die Arbeitsplätze, Geräte, Werkzeuge, Maschinen, etc. Die anthropometrische Arbeitsgestaltung übernimmt eine wichtige und grundlegende Aufgabe der ergonomischen Arbeitsgestaltung. Sie schafft wesentliche Voraussetzungen für ein ermüdungsarmes und effizientes Arbeiten. Damit gewährleistet sie eine notwendige, aber nicht hinreichende Voraussetzung der menschengerechten Arbeitsgestaltung. Im einzelnen können die Aufgaben der anthropometrischen Arbeitsgestaltung wie folgt umschrieben werden:

o   Gewährleistung physiologisch günstiger Körperhaltungen bei der Erfüllung der Arbeitsaufgabe,

o   Anpassung der Mensch-Arbeitsmittel-Schnittstelle an die Anatomie der menschlichen Effektoren,

o   Festlegung der Krafteingriffspunkte im Raum unter Berücksichtigung der physiologisch günstigen Kraftentfaltung des Menschen,

o   Festlegung des Ortes der Informationsdarstellung unter Berücksichtigung einer ermüdungsarmen, schnellen und fehlerfreien Informationsaufnahme,

o   Optimierung und Vereinfachung der motorischen Körperbewegungen zur Erfüllung der Arbeitsaufgabe,

o   Beschreibung eines Bewegungsraums für den menschlichen Körper zur ungestörten Durchführung der motorischen Aktivität.

Die Vorgehensweise bei der anthropometrischen Arbeitsgestaltung ist in Bild 3 dargestellt.

Ausgangspunkt der Gestaltungsarbeit ist die anthropometrische Datenbasis. Sie enthält numerische Angaben in Längen- und Winkelmaßeinheiten zur maßlichen Beschreibung des menschlichen Körpers. Diese Datenbasis ist abhängig vom Benutzerkollektiv, bzw. beschreibt dieses. Das Benutzerkollektiv umfaßt die Gruppe von Menschen, die als potentielle Anwender eines Arbeitsmittels zu berücksichtigen sind.

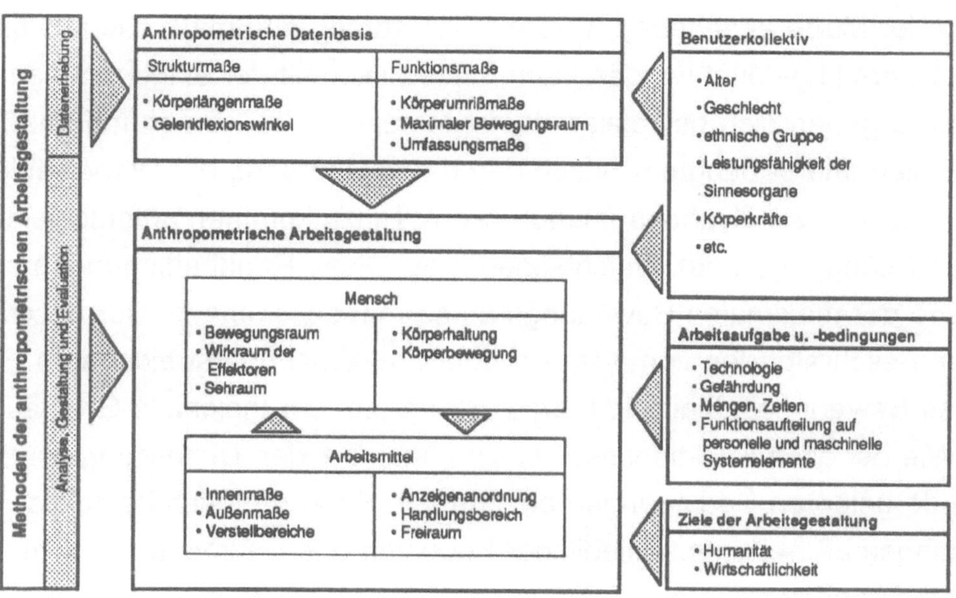

Bild 3:   Vorgehensweise bei der anthropometrischen Arbeitsgestaltung

Während die in der Datenbasis enthaltenen Strukturmaße mit Anthropometern (spezielle Längen- und Winkelmeßgeräte) direkt ermittelt werden können, werden die Funktionsmaße unter Berücksichtigung unterschiedlicher Körperhaltungen und Einflüsse des natürlichen Bewegungsablaufes von den Strukturmaßen abgeleitet. Hierzu zählen Körperumrißmaße und maximale Bewegungsräume bei verschiedenen Körperhaltungen.

Bei der Anwendung der Körpermaße für die anthropometrische Arbeitsgestaltung ist zu prüfen, welche Definitionen ihnen zugrundeliegen. Dazu gehört neben der Benennung und den Meßmitteln insbesondere das Meßverfahren /DIN 33 402/ und die Beschreibung des Personenkollektivs, das als Stichprobe bei der Maßermittlung zugrunde gelegt wurde.

Zu den Strukturmaßen zählen Körperlängenmaße und Gelenkflexionswinkel. Als Körperlängenmaße liegen Strecken- und Umfangsmaße vor. Als Streckenmaße können sowohl die Abstände zwischen Knochenpunkten am menschlichen Skelett als auch zwischen den Weichteilbereichen des Körpers herangezogen werden. Dabei ist die Messung von Knochenpunktabständen einfacher reproduzierbar und für die anthropometrische Arbeitsgestaltung ergeben sich verläßlichere Daten. Die Umfangsmaße beschreiben den Umfang einzelner Körperglieder unter Berücksichtigung der Weichteile des Körpers. Die Gelenkflexionswinkel geben die maximalen Auslenkungen einzelner Körperteile über die Gelenkverstellung in Winkelgrad wieder.

In der Gruppe der Funktionsmaße müssen die jeweilige Körperhaltung, die Bewegungsbahn einzelner Körperglieder, die Einflüsse durch aufzubringende Kräfte, etc. bei der
Beschreibung der Maße angegeben werden. Das Körperumrißmaß, das aus einer Projektion des Körpers abgeleitet werden kann, ändert sich mit der eingenommenen Körperhaltung. So ergeben sich beispielsweise unterschiedliche Körperumrißmaße bei
aufrechtem Sitzen und gebeugtem Sitzen durch den Übergang der Wirbelsäule von der
Lordose (Hohlrücken) zur Kyphose (Rundrücken). Hinzu kommen unterschiedliche Ver-
dichtungen und Längungen der Weichteilbereiche. Diese Randbedingungen sind auch
bei der Angabe der maximalen Bewegungsräume maßbestimmend. Der maximale Bewegungsraum beschreibt den von Körpergliedern maximal überstreichbaren Raum
während eines Bewegungsablaufes. Hierzu zählen u.a. der maximale Greifraum und
Pedalraum. Wie bei allen Funktionsmaßen sind auch bei den Umfassungsmaßen die
dabei zugrunde gelegten Bedingungen anzugeben. So ändert sich beispielsweise das
Handumfassungsmaß bei unterschiedlicher Kopplung des Daumens mit dem Zeige-
finger und dem Mittelfinger.

Werden bei der anthropometrischen Maßermittlung für die praktische Arbeitsgestaltung
gebräuchliche Körperhaltungen und notwendige Körpermaße ausgewählt, können die
mit Fehlern behafteten Summen- und Differenzbildungen von Einzelmaßen weitgehend
vermieden werden. Bei der Addition und Subtraktion von Einzelmaßen ist insbesondere
zu beachten, daß die Drehpunkte der Gelenke des Menschen nicht fest lokalisiert werden können, sondern sich bei der Gelenkflexion ihre Lage relativ zu anderen Körperteilen verändert.

Auch nach einer Fraktionierung der Stichprobe, die der Maßerhebung zugrunde gelegt
wurde, nach den oben angeführten Merkmalen Alter, Geschlecht, ethnische Gruppenzugehörigkeit und Körperkonstitution, zeigen die Körpermaße eine große Streuung. Sie
sind einer Normalverteilung angenähert. Es ist dabei zu beachten, daß zur anthropometrischen Arbeitsgestaltung grundsätzlich keine Mediane herangezogen werden können.
Es ist eine maßliche Anpassung der Arbeitsmittel und deren Anordnung an möglichst
alle Mitglieder eines Benutzerkollektivs anzustreben. Aus Gründen der Praktikabilität
und Wirtschaftlichkeit werden deshalb bei der Standardgestaltung lediglich die häufig-
sten Ausprägungen eines Körpermaßes auf der Basis einer Perzentilabgrenzung des
Benutzerkollektivs herangezogen. Ein Perzentilwert gibt an, wieviel Prozent der Personen einer Stichprobe bezüglich eines Körpermaßes kleinere Ausprägungen aufweisen als der jeweils angegebene Perzentilwert /DIN 33402/. Die gebräuchlichsten Gren-
zen bei der anthropometrischen Arbeitsgestaltung sind das 5. und das 95. Perzentil.

Die Vereinfachung der anthropometrischen Arbeitsgestaltung durch eine derartige Fraktionierung zeigt sich insbesondere darin, daß damit einerseits die Körpermaße von 90 %

des Benutzerkollektivs, jedoch andererseits nur ca. 25 % der Variationsbreite des jeweiligen Körpermaßes berücksichtigt werden. Das hat allerdings zur Folge, daß für jene Arbeitspersonen, die durch eine derartige Perzentilaufteilung aus der Standardgestaltung ausgegrenzt werden, eine Sonderanpassung an ihre individuellen Körpermaße durchgeführt werden muß. Dies gilt nicht nur für besonders kleinwüchsige und große Personen, sondern insbesondere auch für Leistungsgewandelte (Bsp.: Körperbehinderte, Schwangere, etc.).

Innerhalb der anthropometrischen Arbeitsgestaltung wird unter Anwendung der anthropometrischen Datenbasis des zu betrachtenden Benutzerkollektivs und Berücksichtigung der Arbeitsaufgabe, -bedingungen sowie der gewählten Zielsetzung die Mensch-Arbeitsmittel-Schnittstelle gestaltet (vgl. Bild 3). Dabei ist zu berücksichtigen, daß Struktur- und Funktionsmaße in der Regel an unbekleideten Menschen erhoben werden. Hier sind Zuschläge für Bekleidung, Schuhwerk und eventuell notwendige Sonderausrüstungen (Bsp. Schutzhelm) vorzusehen.

Bei vorgegebenen Körperhaltungen und -bewegungen wird der vom Benutzerkollektiv benötigte Bewegungsraum definiert. Dieser Bewegungsraum ist eine Teilmenge des maximalen Bewegungsraumes. Er wird benötigt, um innerhalb eingenommener Körperhaltungen die notwendigen und physiologisch empfehlenswerten Bewegungen ausführen zu können. Innerhalb dieses Bewegungsraumes wird der Wirkraum der Effektoren (Bsp. Greifraum, Pedalraum) festgelegt. Dabei ist zu berücksichtigen, daß von der isolierten Bewegung eines Körperelementes, über die zumeist Basisdaten vorliegen, die in der Praxis gebräuchlichen Körperbewegungen zu unterscheiden sind, an denen eine kinematische Kette beteiligt ist. Der Sehraum ist jener Bereich, der von der Sehachse durch die Bewegung des Kopfes und der Augen überstrichen werden kann. Er wird für die räumliche Anordnung der Informationsquellen bei der anthropometrischen Arbeitsgestaltung herangezogen.

Die Festlegung der Maße der Arbeitsmittel im Rahmen der anthropometrischen Arbeitsgestaltung erfolgt interaktiv mit der Festlegung des Bewegungsraums für den menschlichen Körper, des Wirkraums für die Effektoren und des Sehraums für die visuelle Informationsaufnahme. Das Zusammenwirken von Mensch und Arbeitsmittel wird Mensch-Arbeitsmittel-Interaktion genannt.

So werden bei der Standardgestaltung die Innenmaße der Arbeitsmittel von den relevanten Körpermaßen des 95. Perzentils festgelegt, die Außenmaße von denen des 5. Perzentils. Verstellbereiche an Arbeitsmitteln sind immer dann vorzusehen, wenn über die grenzwertorientierte Innen-/Außenmaßbetrachtung kein beanspruchungsoptimierter Arbeitsvollzug möglich ist. Über die vom Benutzerkollektiv vorgegebenen Bewegungsräume werden die Freiräume an den Arbeitsmitteln bemaßt. Aus den Wirkräumen der Effektoren und dem Sehraum werden der Handlungsbereich und die Anzeigenanordnung am Arbeitsmittel festgelegt.

Die Dimensionierung der Mensch-Arbeitsmittel-Schnittstelle ist ein iterativer Optimierungsprozeß, der ein hohes Maß an ergonomischem Sachverstand bedingt. Zur Unterstützung dieses Optimierungsprozesses innerhalb der anthropometrischen Arbeitsgestaltung wurden spezifische Methoden entwickelt. Diese Methoden dienen der Ergänzung der Datenbasis, der Analyse, der Gestaltung und der Evaluation von Arbeitsmitteln. Dabei gibt es nur wenige Methoden, die diesen vier Aufgabenbereichen der anthropometrischen Arbeitsgestaltung umfassend gerecht werden. In der Regel sind sie nur zur Lösung eines Aufgabenbereichs geeignet. Darüber hinaus können sie in unterschiedlichen Stadien des Entwicklungs- und Konstruktionsprozesses eingesetzt werden.

5 METHODEN UND WERKZEUGE

Rechnerunterstützte Gestaltungsmethoden im Bereich der Ergonomie werden seit Beginn der 70er Jahre entwickelt. Dabei können folgende Klassen definiert werden (vgl. auch Bild 4):

o   Singuläre (isolierte) Methoden,
o   integrierte Methoden und
o   wissensbasierte Methoden.

Zu den typischen Vertretern der singulären Methoden gehören:

o   OWASCA (Ovako Working Posture Analysing Systeme Computer Aided - Ovako Arbeitshaltung Analysierendes System, computerunterstützt) /nach Stoffert, 1985/
o   ZUMAK (Zulässige und maximale Körperkräfte)
o   NIOSH (Lifting Guidelines of National Institute of Safety and Health - Biomechanisches Modell zum Heben und Tragen) /Chaffin, Evans, 1986/

Als Beispiele für integrierte Methoden können genannt werden:

o   Menschmodelle (anthropometrisch/biomechanisch)
-       SAMMIE (System for Aiding Man-Machine Interaction Evaluation) /Bonney et al., 1982/

- COMBIMAN (Computerized Biomechanical Manmodell)
  /Mc Daniel, 1970/
- ANYBODY /Lippmann, 1988/
o VISOCAD (CAD-Video-Somatographie)
  /Lorenz, 1989/.

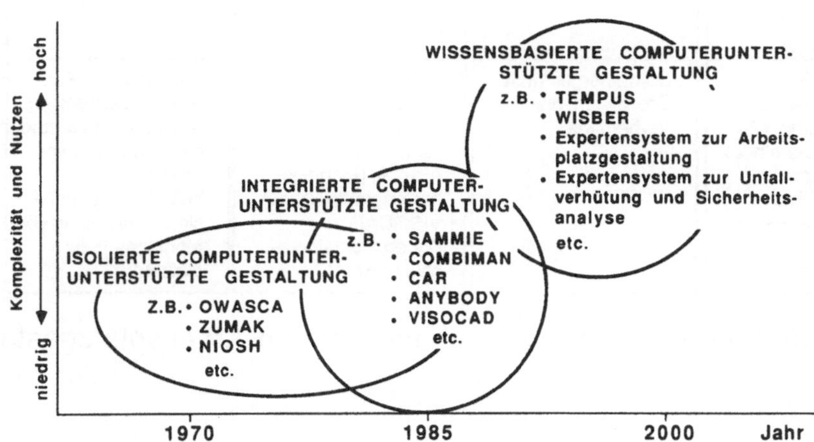

Bild 4: Methodenentwicklung in der rechnerunterstützten Arbeitsgestaltung

Zukünftige Entwicklungen werden vermehrt auch Ansätze der künstlichen Intelligenz nutzen, um ergonomisches Fachwissen z.B. in Form von Expertensystemen den Nutzern zur Verfügung zu stellen. Beispiele für solche Ansätze sind:

o WISBER (Wissensbasierte Ergonomie)
o TEMPUS /Badler, 1987/
o ERGO-EXPERT /Laurig, 1989/.

Bild 5 zeigt, wie nach und nach traditionelle Methoden durch computerunterstützte ersetzt werden. Bei näherer Betrachtung der rechnerunterstützten Methoden zeigt sich, daß häufig feststehende Gestaltungsvorgaben und Randbedingungen bestimmen, wie die ergonomischen Gestaltungsprobleme zu lösen sind. Da die meisten computerunterstützten Gestaltungsmethoden und -werkzeuge voneinander weitgehend unabhängig entwickelt werden, sind sie in der Regel nicht kompatibel und meist auch nicht verknüpf- oder vernetzbar.

	PROBLEMLÖSUNGSMETHODE			
	BELASTUNG	**DAUERLEISTUNG**	**GREIFRAUM**	**BEWEGUNGSZEIT**
TRADITIONELLE LÖSUNGSANSÄTZE	• Tabellenbenutzung • Berechnungs-methode • Krafttest für Mitarbeiter • OWAS-Arbeits-haltungsanalyse	• Tabellenbenutzung • Energieumsatz-messungen	• Tabellenbenutzung • 2D-Somatographie-Schablonen • 2D-Konturplots • Video-Somatogra-phie	• Zeitermittlung mit Stoppuhr (REFA) • Arbeitsproben • Systeme vorbe-stimmter Zeiten
COMPUTER-GESTÜTZTE LÖSUNGSANSÄTZE	• Biomechanisch / statische Belastungs-vorhersagemodelle • Arbeitsschwereindex • NIOSH-Regeln für Heben und Tragen • ZUMAK (Berechnung zulässiger und maximaler Kräfte)	• Computergestützte Energieumsatz-Vorhersage	• Computerunterstützte Haltungsvorhersage • 3D-Reichweitenbe-stimmungstechniken • ARPLA (Montage-arbeitsplatzplanung) • VISOCAD (Video-Somatogra-phie und CAD)	• Automatische Zeit-vorhersagesysteme • Automatische Metho-den vorbestimmter Zeiten • WANT (Wissensba-sierte Gestaltung von Montagearbeits-plätzen)

Bild 5:   Einige verfügbare Methoden zur ergonomischen Arbeitsplatzgestaltung

Bei der Gestaltung von Arbeitsplätzen mit kraftbetonten Arbeiten, wie

- o   Heben und Tragen von Lasten,
- o   Maschinenbeschickung,
- o   Palletieren,
- o   Beladen von Fahrzeugen etc.

ist die Ermittlung von Belastungsgrenzen, also zulässiger Kräfte, sehr wichtig.

Grundlagen aller hierfür entwickelter Computerprogramme sind empirische Untersuchungen zur maximalen Leistungsabgabe des Menschen:

- o   Maximalkräfte und
- o   Maximalmomente

jeweils für das

- -   Hand-Arm-System und
- -   Fuß-Bein-System.

Mit Hilfe spezieller Berechnungsverfahren können aus den Maximalkräften und -mo–menten Zulässigkeitsgrenzen ermittelt werden. Ein solches, an unserem Institut ent-wickeltes Programm zeigt Bild 6.

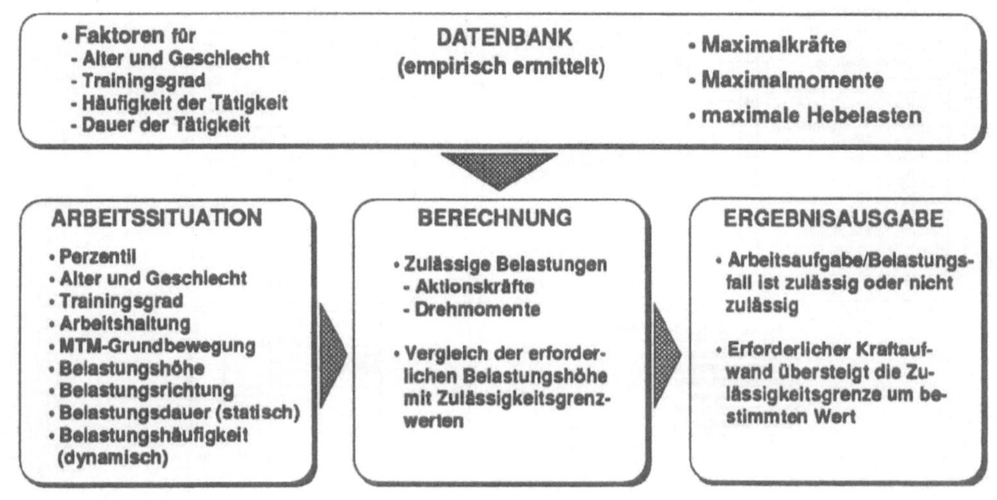

Bild 6:   Berechnung zulässiger Belastungen (ZUMAK)

Einen anderen Weg zur Ermittlung zulässiger Belastungen gehen biomechanische Modelle. Hier werden mechanische Ersatzmodelle des menschlichen Körpers dazu benutzt, ganz konkrete Arbeitssituationen unter den Gesichtspunkten statischer und dynamischer Belastung zu berechnen. Fast alle biomechanischen Modelle werden anhand empirischer Datenbasen evaluiert. Erst ganz neue Ansätze gehen von induktiven Leistungskalkulationsansätzen aus, die versuchen, physiologische Abläufe bei der Arbeitsausführung auf der Basis der hierfür notwendigen Stoffwechselprozesse zu berechnen. Die Forschung befindet sich auf diesem Feld - abgesehen von einigen Ansätzen in der Sportmedizin- jedoch ganz am Anfang.

In den USA sind eine Reihe biomechanischer Menschmodelle (2- und 3-dimensional, statisch und dynamisch) auf der Basis der "Work Practices Guide for Manual Lifting" des NIOSH (National Institute for Occupational Safety and Health) entstanden. Ein Beispiel hierfür ist das "Static Strength Prediction Program", das an der University of Michigan entwickelt und vertrieben wird (Bild 7).

Ebenfalls ein Vertreter dieser Programmklasse ist das an unserem Institut entwickelte System HASY, das insbesondere für die Evaluierung von Hand-Arm-Belastungen geeignet ist. Das System ist in das interaktive Planungssystem IAOMAS integriert, das in einem der nachfolgenden Beiträge vorgestellt wird.

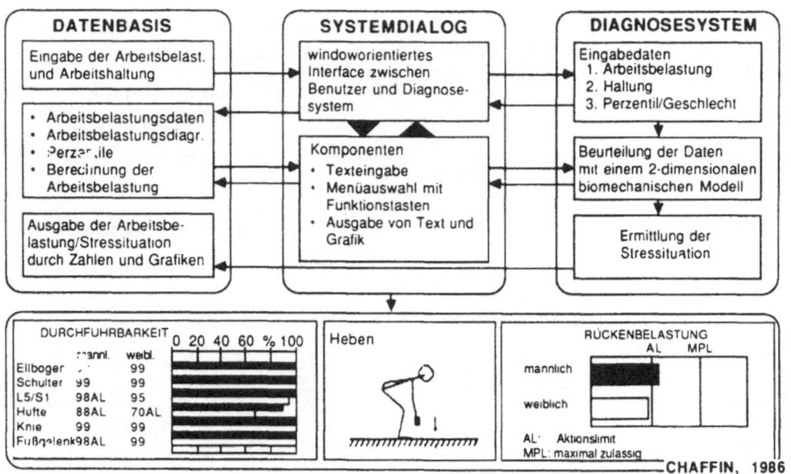

Bild 7:   Programm zur biomechanischen Ermittlung statischer Kräfte

Erst Ansätze zur Integration verschiedener Analyse und Gestaltungswerkzeuge werden mit komplexen anthropometrisch/biomechanischen Menschmodellen in Verbindung mit graphischen Repräsentationen der Arbeitsumgebung gemacht. Beispiele sind hierfür SAMMIE, COMBIMAN, CAR etc. Insgesamt sind derzeit mehr als 80 mehr oder weniger leistungsfähige rechnerunterstützte menschmodell-orientierte Ergonomiesysteme bekannt, wobei jedoch nur etwa 10 davon am Markt angeboten werden (z.B. ANYBODY, SAMMIE) /Hickey, Pierrynowski, 1985/.

Typ	Name	Jahr	Institution	CAD-System	Anwendung	Beurteilungsgrößen
BEWEGUNGSMODELLE	BUBBLEMAN	1977	Univ Pennsylv	-	Crash test. Cockpit	
	CHOREO-L	1980	Univ Waterloo	-	Tanzen.Choreographie	
	NUDES	1974	Univ Sidney	-	Medizin. Sport. Tanzen	
ANTHROPOMETRISCHE MODELLE	ADAM/EVE	1984	Lockheed Corp	CADAM	Flugzeugwartung	Reichweite. Kollision
	ANYBODY	1988	Somacad	CADKEY	Arbeitsplatzgestaltung	Reichweite. Sichtsfeld
	BOEMAN	1970	Boeing Corp	.	Cockpitgestaltung	Reichweite. Kollision
	CAR	1978	Boeing Corp	.	Fahrz -gest., Crashtest	Reichweite. Sitzen. Haltung
	CYBERMAN	1980	Chrysler Corp	.	Fahrzeuggestaltung	Reichweite. Kollision
	ERGOMAN	1984*	Univ Paris	EUCLID	Arbeitsplatzgestaltung	
	MATHES	1986*	Univ. Stuttgart	IDEAS	Arbeitsplatzgestaltung	Reichweite. Sichtf.. Kraft
	SAMMIE	1970	Univ Nottingham	MEDUSA	Arbeitspl -, Fahrz.-gest	Reichweite. Sichtf , Koll
	TEMPUS	1982*	Univ Pennsylv	.	Arbeitsplatzgestaltung	Aufgabenanal., Reichw etc
	TOMMI	1985*	Univ Dresden	.	Arbeitsplatzgestaltung	Reichweite. Kollision
BIOMECHANISCHE MODELLE	COMBI MAN	1976	AAMRL	.	Cockpitgestaltung	Reichweite.Sichtf., Greifkrafte
	CREW CHIEF	1986	AAMRL	verschiedene	Arbeitsplatzgestaltung	Reichweite, Sichtfeld. Haltung. Krafte
	HASY	1985	Univ Stuttgart	.	Kraftermittlung	Kräfte
	NIOSH	1985	Univ. Michigan/ Texas Tech Univ	.	Kraftermittlung	Kräfte

* in Entwicklung

Bild 8:   Übersicht über CAD-orientierte Menschmodelle

Einige der Modellansätze sind kompatibel mit kommerziellen CAD-Systemen (z.B. ANYBODY mit CADKEY, SAMMIE mit MEDUSA). Einige andere haben einfache CAD- oder Graphiksystem-Umgebungen in ihrem System selbst integriert (z.B. COMBIMAN,

TOMMY). Die Mehrzahl der Menschmodelle sind jedoch nicht in einer visualisierten Arbeitsumgebung darstellbar (z.B. NIOSH) und somit für Arbeitsplanungs- und -gestaltungsaufgaben nur sehr bedingt geeignet.

Neben den Nachteilen der Monofuktionalität haben die meisten Menschmodelle das modelltypische Problem, daß sie vereinfachen und idealisieren. So werden beispielsweise Bewegungsabläufe oder gar ganze Arbeitsabläufe nur sehr bedingt nachvollziehbar bzw. nur sehr vereinfachend und damit auch verfälschend dargestellt und untersucht. Je komplexer und bewegungsaufwendiger eine Arbeitsaufgabe ist, je problembehafteter ist die Anwendung eines Menschmodells im Gestaltungsprozeß.

Diese derzeit noch vorhandenen Modellnachteile überwindet die Methode das CAD-Video-Somatographie. Hier wird das Menschmodell durch einen realen Menschen ersetzt, der mit Hilfe spezieller Videotechnik in die graphische Repräsentation des Arbeitsplatzes - mit Hilfe eines CAD-Systems - eingeblendet wird. Durch die Verwendung eines realen Menschen werden viele Nachteile der Menschmodellierung überwunden. Das Verfahren wird in zwei nachfolgenden Beiträgen näher erläutert.

Zukünftige Entwicklungen werden zeigen, daß rechnerunterstützte Menschmodell-Ansätze die Erfordernisse der Modellgüte und Anwendungsfreundlichkeit erfüllen können. Bis dahin wird die CAD-Video-Somatographie sicherlich das Verfahren sein, das den o.g. Erfordernissen am ehesten gerecht wird.

Hohe Erwartungen werden für die Zukunft an wissensbasierte Ansätze geknüpft, in welchen ergonomisches Wissen, Regeln und Richtlinien in Form von speziellen - ggf. relationalen - Datenbanken verfügbar sein werden, die vom Arbeitsgestalter und Planer mit einem nutzerfreundlichen Dialogsystem benutzt werden können. Welche Daten und Regelstrukturen ein solches "Ergonomie-Expertensystem" beinhalten könnte, zeigt Bild 9. Dabei ist die Einbindung ergonomischen Expertenwissens in übergreifende und umfassendere Wissenstrukturen, die auch Produkt- und Produktionswissen und -regeln enthalten durchaus denkbar und sicherlich sinnvoll (vgl. auch hierzu Bild 9).

Eine Abschätzung der Realisierungszeiträume für solche Systeme scheint derzeit kaum möglich zu sein. Größenordnungen von 10 Jahren sind jedoch sicherlich nicht unrealistisch.

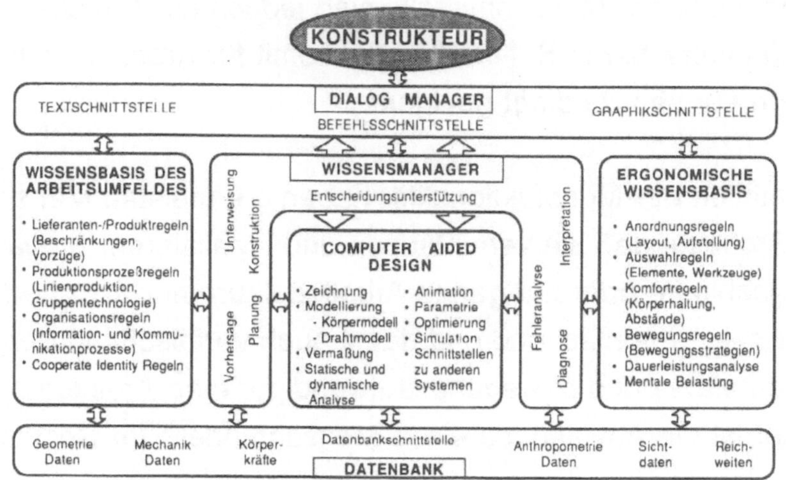

Bild 9:   Wissensbasierte Gestaltung von Arbeitsplätzen

6   LITERATURVERZEICHNIS

Badler, N.I.:   Computer Animation Techniques.
In: Wissensbasierte Systeme, München, 1987.

Bonney, M.C.;   Case, K.; Porter, J.M.: User needs in computerized man modells.
In: Easterby, R., Kroemer, K.H.E., Chaffin, D.B. (Eds.).
Antropometry and biomechanics - Theory und application.
pp. 97 - 101. Plenum Press, New York, 1982.

Borowski, B.:   Einseitige Körperhaltung am Arbeitsplatz. Bremerhaven:
Wirtschaftsverlag NW, 1981.

Braun, G.:   CAD-Ergonomie: Der Mensch ist das Maß.
In: Werkstattstechnik 78 (1988), S. 123 - 125.

Bullinger, H.-J.; Lorenz, D.; Bauer, W.: CAD and Video-Somatography -
A Liaison for Creation Ergonomic Work Systems. In: Proceedings
of the IXth International Conference on Production Research.
Cincinnati, USA, 17.- 20.8.1987; p. 206 - 212.

Chaffin, D.B.;   Evans, S.: Computerized Biomechanical Models in Manual Work
Design. In: Proceedings of the 30th Annual Meeting of the
Human Factors Society, Santa Monica, 1986.

Daniel Mc., J.W.: COMBIMAN. Computerized Biomechanical Man Model.

Aerospace Medical Research Laboratory,
Report AMRL - TR - 76 - 30, 1976.

DIN 33402: Körpermaße des Menschen.
Teil 1: Begriffe, Meßverfahren, Januar 1978.
Teil 2: Werte, Oktober 1986.
Teil 3: Bewegungsraum bei verschiedenen Grundstellungen
und Bewegungen, Oktober 1984.
Teil 4: Grundlagen für die Bemassung von Durchgängen,
Durchlässen und Zugängen, Oktober 1986.

Elias, H.-J.; Lux, C.: Technische Hilfsmittel zur ergonomischen Arbeitsplatzgestaltung. PRODIS-Report Nr. 7, Institut der deutschen
Wirtschaft, 1986.

Evans, S.M.: Ergonomics in Manual Workspace Design: Current Practices and an
Alternative Computer Assisted Approach. Dissertation at the
University of Michigan, 1985.

Hickey, D.T.; Pierrynowski, M.R.: Man-modelling CAD Programs for Workspace
Evaluation. University of Toronto, 1985.

Jürgens, H.W.: Anthropometrie - Gegenwärtige und zukünftige Aufgaben.
In: Arbeitsschutz 7/8 (1975) S. 252 - 256.

Kern, P.; Bauer, W.: Video-Somatographie als Methode der Arbeitsplatzgestaltung. Zeitschrift für industrielle Fertigung, 75, 1985; S. 33 - 36.

Laurig, W.; Rombach, V.: Expert systems in ergonomics: requirements and an
approach. Ergonomics, 7/1989, S. 795 - 811.

Lippmann, R.: Arbeitsgestaltung mit CAD und ANYBODY, REFA-Nachrichten
2/1988, S. 5 - 13.

Lorenz, D.: CAD-Video-Somatographie Entwicklung und Bewertung einer
Methode zur anthropometrischen Arbeitsgestaltung.
Springer-Verlag, Berlin, Heidelberg 1989.

Miltner, W.: Verhaltensmedizin. Berlin: Springer-Verlag, 1986.

Pheasant., S.:   Bodyspace. London: Taylor and Francis, 1986.

Schmidtke, H.:   Handbuch der Ergonomie. Bundesamt für Wehrtechnik und
                 Beschaffung (Hrsg.): Steinbuch/Woerthsee: Luftfahrt Verlag
                 W. Zuerl, 1981.

Stein, W.:   Eine Übersicht zum Stand der Bedienermodelle. Spektrum der
                 Anthropotechnik, Wachtberg-Werthhoven, 1987.

Stoffert, G.:   Analyse und Einstufung von Körperhaltungen bei der Arbeit nach
                 der OWAS-Methode. Z-Arb.wiss. 1/1985, S. 31 - 38.

VICON – Rechnerunterstützte Bewegungsanalyse am Arbeitsplatz

N. Delleman

VICON - Rechnerunterstützte Bewegungsanalyse am Arbeitsplatz

Nico J. Delleman

Maarten P. van der Grinten

Jan Dul

TNO-Institut für Gesundheitsvorsorge

Forschungsgruppe Bewegungsapparat

Leiden, die Niederlande

1   Einleitung

In den meisten Industriestaaten stellen Schäden am Bewegungsapparat* ein umfangreiches Problem dar. Diese Problematik geht in erster Linie die Gesundheit und das Wohlbefinden von Arbeitnehmer an. Außerdem trifft es die Gesellschaft sowie einzelne Firmen.

In den Niederlanden, einer von fünf Tagen Abwesenheit wegen Krankheit wird als Schaden vom Bewegungsapparat diagnostiziert. Zudem wird einer von drei neuen Fällen definitiver Arbeitsunfähigkeit der gleichen Diagnosenkategorie zugeordnet. Jedes Jahr, 350.000 vom 5.000.000 Personen großen Arbeitspotential erhalten finanziellen Ersatz weil sie wegen Schaden vom Bewegungsapparat nicht zum Arbeiten im Stande sind. Die Gesamtkosten für die niederländische Gesellschaft belaufen jährlich ungefähr auf 5 Milliarden Gulden (etwa DM 4.5 Milliarden).

Auch einzelne Firmen werden, direkt und indirekt, von der Problematik betroffen. Zur Deckung der vorher genannten Gesamtkosten müssen hohe Prämien gezahlt werden. Ausbildung von Ersatzarbeiter und reduzierte Leistungsfähigkeit von diesen und von zeitlich nicht maximal beanspruchbaren Dauermitarbeitern führen zu Produktionsverlusten in Qualität und Quantität. Der Abfall der Leistungsbereitschaft und der guten Arbeitsatmosphäre ist Realität.

Am TNO-Institut für Gesundheitsvorsorge ist die Forschungsgruppe Bewegungsapparat zum erwähnten Thema aktiv. Die Zielsetzung dieser Gruppe ist die Problematik der Bewegungsapparatschäden in bezug auf Arbeit durch Vorbeugungsmaßnamen zu reduzieren. Zum erfolgreichen Einsatz der Vorbeugungsmaßnamen müssen Erkenntnisse über die Gründe der Problematik da sein. Bild 1 zeigt eine

---

* Das System von Knochen, Gelenke, Bänder und Muskeln, daß den Körper eine Haltung gibt oder in Bewegung setzt sowie hält.

einfache schematische Wiedergabe der Verbindung von Arbeit und die Entstehung und Entwicklung von Bewegungsapparatschäden.

Die Arbeitsaufgabe und der Arbeitsplatz bestimmen (zum Teil) die Körperhaltung, die Bewegung und die Kraftausübung des Arbeitnehmers. Haltungen, Bewegungen und Kraftausübungen ergeben mechanische Belastungen auf innere Körperstrukturen wie Bänder, Knochen, Knorpel und Muskeln. Bei einer Überbeanspruchung dieser Strukturen entsteht ein Schaden am Bewegungapparat oder er entwickelt sich weiter. Genannte Verbindungen werden beeinflußt von vielen anderen, arbeitsbezogenen und individuellen Faktoren, wie individuelle Arbeitstechniken, psychosoziale Faktoren, Ansprechbarkeit der Körperstrukturen, usw.

Bild 1   Einfache schematische Wiedergabe der Verbindung von Arbeit und die Entstehung und Entwicklung von Bewegungsapparatschäden.

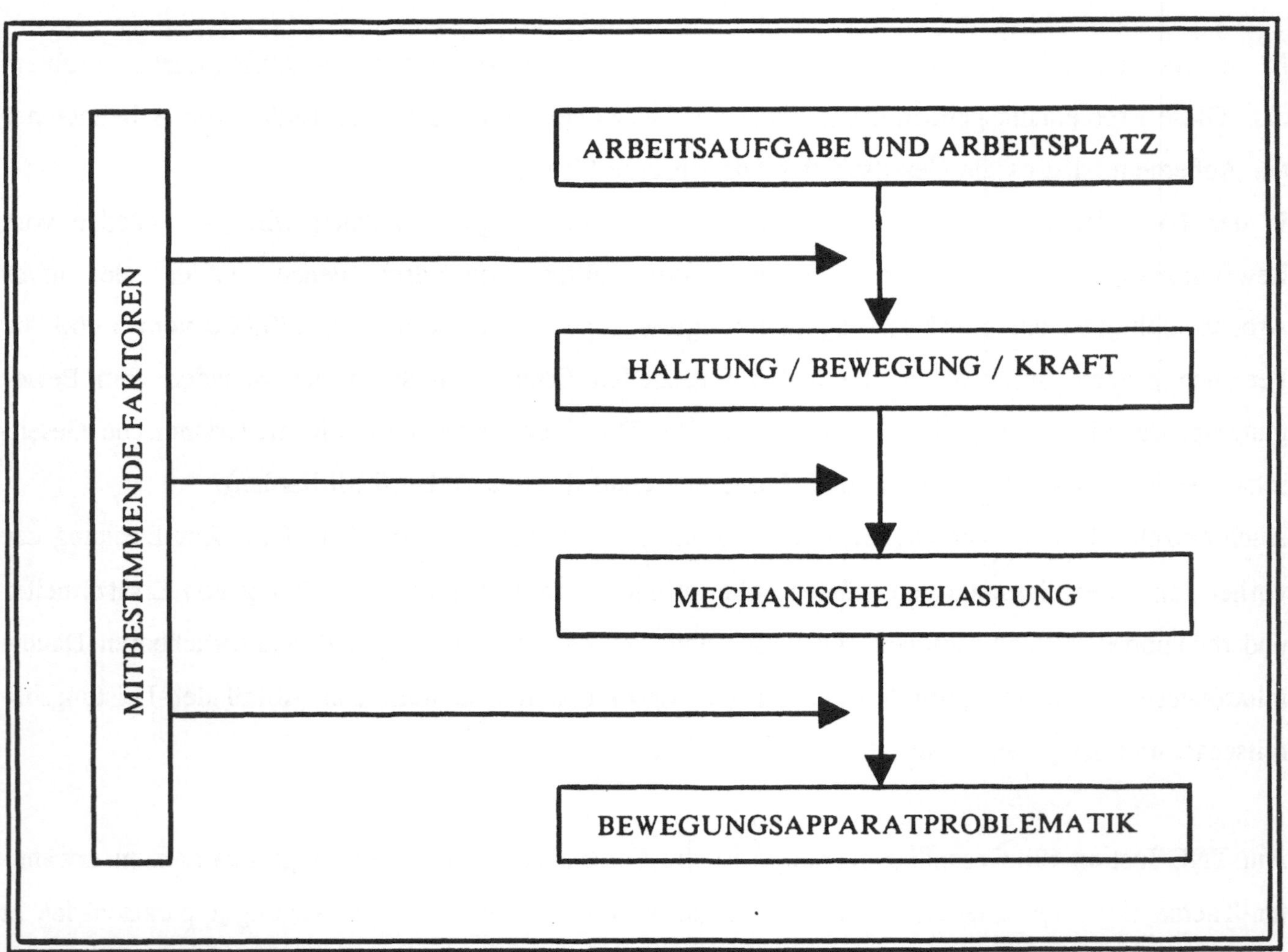

Das Schema ergibt, daß man arbeitsbezogene Schäden am Bewegungsapparat vorbeugen kann durch (erneute) ergonomische Gestaltung der Arbeitsaufgabe und des Arbeitsplatzes. In diesem Beitrag wird die Stelle des Bewegungsanalyse-Systems VICON im systematischen Verfahren der ergonomischen Vorbeugung gegen Schäden am Bewegungsapparat erläutert. Darauf werden zu Grunde liegende

Prinzipien, das Meßverfahren und die Bewertung der Meßergebnisse detailliert beschrieben. Dies wird mit zwei Anwendungsbeispielen ergänzt. Zum Schluß wird die Anwendung VICONs diskutiert und wird in die Zukunft geblickt.

2   VICON bei der Gestaltung von Vorbeugungsmaßnamen

Beim systematischen Verfahren der ergonomischen Vorbeugung gegen Schäden am Bewegungsapparat werden 4 Phasen unterschieden:

Phase 1. Die Analyse der (1) Beschwerden am Bewegungsapparat, sowie (2) der Arbeitsaufgabe und des Arbeitsplatzes.

Phase 2. Die Entwicklung von ergonomischen Richtlinien.

Phase 3. Die Durchführung von ergonomischen Maßnahmen aufgrund der Richtlinien.

Phase 4. Die Bewertung des Prozesses der Durchführung ergonomischer Maßnahmen, und die Bestimmung von Gesundheitseffekten auf lange Frist.

In Phase 1 werden zuerst Bewegungsapparatbeschwerden einer bestimmten Arbeitnehmergruppe identifiziert mittels einer modifizierten Form des standarisierten Nordic Fragebogens (Kuorinka u.a., 1987). Außerdem enthält der Fragebogen Fragen bezüglich der Anwesenheit bekannter Risiken zur Entstehung von Bewegungsapparatbeschwerden (Hildebrandt 1987, 1988). Aufgrund des Fragebogens entsteht ein annäherndes Bild der Engpäße in der Arbeit. Im zweiten Teil wird die Arbeitsaufgabe und der Arbeitsplatz von einem Ergonomie-Experten beobachtet. Die Verwendung einer Prüfungsliste kann behilflich sein beim Vergleich der aktuellen Lage und der erwünschten optimalen Zustände. Die Phase 1 ergibt Erkenntnisse über die Faktoren in der Arbeitsaufgabe und/oder am Arbeitsplatz welche mutmaßlich beitragen zu den festgestellten Bewegungsapparatbeschwerden sowie zur Entstehung von Schäden.

Außerdem wird in Phase 1 klar welche Aspekte des Arbeitsplatzes oder der Arbeitsaufgabe man verbessern kann. Es hat sich gezeigt, daß in manchen Fällen allgemeine ergonomische Richtlinien nicht ausreichen zur optimalen Gestaltung der Arbeit (Dul u.a., 1988).

In Phase 2 werden die Effekte potentieller Verbesserungen der Arbeitsaufgabe und/oder des Arbeitsplatzes getestet. Daraus erfolgen arbeitsspezifische Richtlinien (z.B. Arbeitshöhe, Arbeits- und ruhezeiten, Arbeitsmittelgestaltung). VICON wird eingesetzt bei der Bestimmung der Effekte bezüglich der Körperhaltung und Bewegung.

Zur Vollziehung der Phase 3 wurde ein systematisches Verfahren entwickelt (Urlings u.a., 1990). Diese Phase so wie die vierte werden hier nicht erläutert.

3   Zu Grunde liegende Prinzipien

Im Allgemeinen wird zur Beschreibung der Körperhaltung und Bewegung ein Mensch-Modell verwendet. Ein Mensch-Modell besteht aus Gliedern und Gelenken. Die Glieder werden als starre Körper angenommen. Die notwendige Anzahl der Glieder und Gelenke ist abhängig vom Anwendungziel. Bild 2 zeigt ein Modell zur Beschreibung der Haltung und Bewegung von großen Gliedern bei Anwendung VICONs (Delleman, 1989).

Bild 2   Mensch-Modell zur Beschreibung der Haltung und Bewegung von großen Gliedern bei Anwendung VICONs.

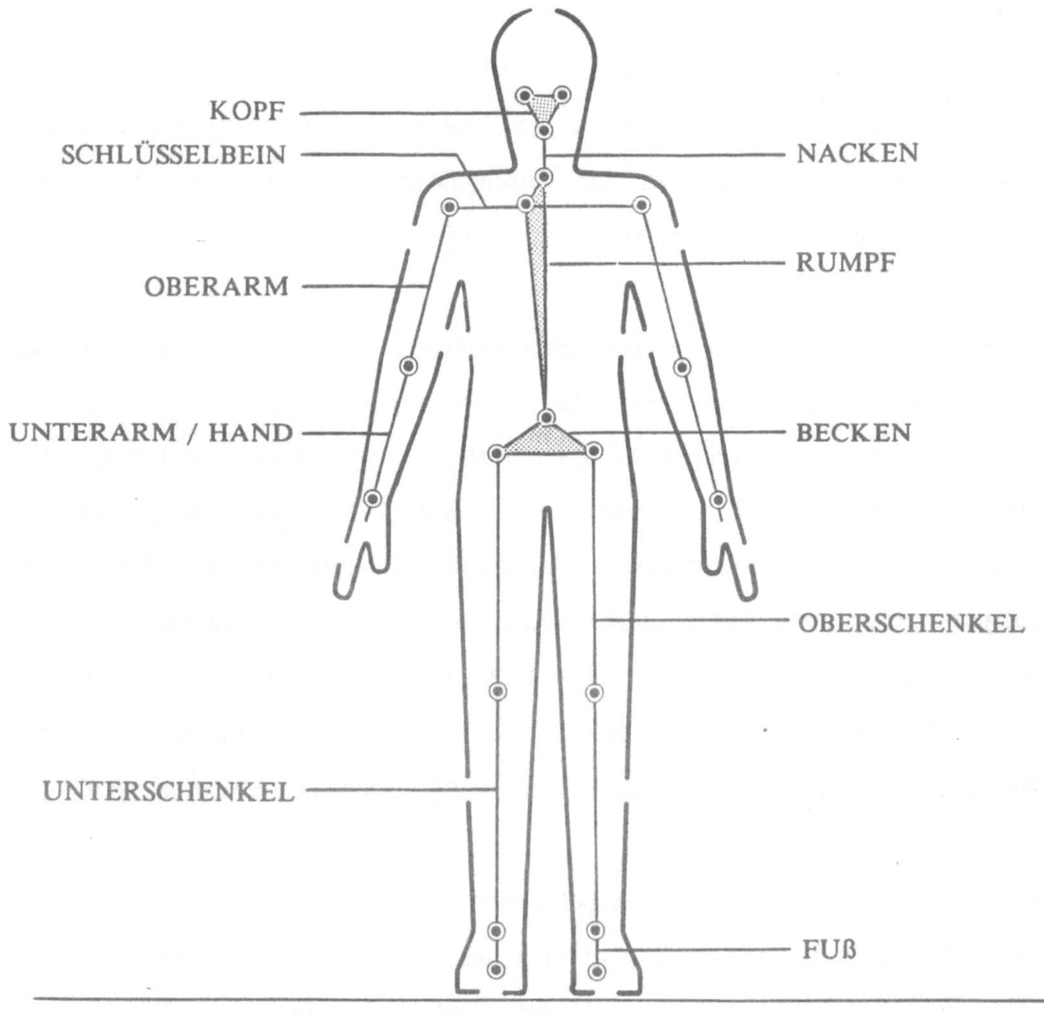

Im gezeigten Modell werden zwei Gliedertypen unterschieden. Es gibt Glieder die einen Knochen mit Weichteilen repräsentieren (z.B. der Oberarm, der Kopf), und es gibt Glieder die eine Wiedergabe sind von mehreren gelenkten Knochen mit Weichteilen (z.B. der Rumpf). Letztere können in kleinere Glieder aufgeteilt werden im Falle detaillierterer Studien.

Die Lage jedes Gliedes kann man in einfacher Form beschreiben, entweder durch eine Winkelangabe zu einem definierten raumfesten Achsensystem oder durch eine Winkelangabe zu einem Nachbarglied. In vielen ergonomischen Forschungsprojekten genügt so eine einfache Beschreibung der Haltung und Bewegung. Außerdem kann die Lage der Glieder Kopf, Rumpf und Becken völlig räumlich (dreidimensional) beschrieben werden als Rotationen um drei Achsen (entweder in Verbindung zu einander oder zum Raum).

4   Das Meßverfahren

Zur einfachen oder räumlichen Beschreibung der Körperhaltung und Bewegung müssen die räumlichen Positionen von zwei bzw. drei Punkten am Glied bekannt sein. Bei Verwendung der Gelenkpositionen kann ein Punkt zweckmäßig genützt werden zur Lagebestimmung der zwei anliegenden Glieder. Das VICON-System benützt dazu kleine Markierobjekte (meistens etwa 1 cm^3 groß), die mit doppelseitigem Klebeband auf die Haut angebracht werden. Die Markierobjekte haben einen sogenannten retro-reflectierenden Belag. Dieses Material hat die Eigenschaft, daß es einfallendes Licht aus irgend einer Richtung genau in die gleiche Richtung zurückschickt. Da das Licht ausgesendet wird von Lampen in engster Nähe der VICON-Videokameras, sehen die Kameras die Markierobjekte ganz hell im Vergleich zum Umgebungslicht. Für Testzwecke kann die Bewegung auf einem Bildschirm in Echtzeit verfolgt werden. Bis zu 200 Bilder pro Sekunde können von den elektronischen Kameras zum VICON-Interface geschickt werden. Das VICON-Interface berechnet die zweidimensionalen kamerabezogenen Koordinaten der hellen Markierobjekte (punkte) und schickt sie zum Rechner. Ein Markierobjekt muß von mindestens zwei Kameras gesehen werden, damit der Rechner die dreidimensionalen Koordinaten berechnen kann. Die Gesamthaltung und einzelne Bewegungsgrößen (Winkel, Abstand) können zeitlich auf dem Grafikbildschirm, Drucker oder Zeichner dargestellt werden. Weiterhin ist es möglich Daten über ein Rechnernetz zu PC's oder zu größeren Rechnern zu schicken zur Weiterverarbeitung (z.B. mathematische Bearbeitung, Einführung in biomechanische Modelle).

Das System ist größtenteils automatisiert. Im Prinzip muß nur auf einem der vielen erfaßten Bilder angezeigt werden, welcher helle Punkt zu welchem Markierobjekt gehört. Die VICON-Software übernimmt dann diese Zuweisung in allen folgenden Bildern.

Bei jeder Lichtstärke können bis zu 30 Markierpunkte von maximal 7 Kameras registriert werden. Für normale Anwendung zur Beantwortung von Fragestellungen in der Ergonomie genügen meist 4 Kameras. Die Aufstellung der Kameras ist flexibel.

Die Verwendung von Markierobjekten bedeutet, daß keine Drahtverbindung zur Versuchsperson notwendig ist. Außer den Kameradaten können bis zu 8 Analog-Signale über den Analog-Digital-

Wandler eingelesen werden (z.B. ausgeübte Kraft, elektrische Signale vom Muskel (EMG)). Das ganze System ist mobil, so daß ein Einsatz sowohl im Labor wie in der Arbeitspraxis möglich ist.

In der Folge wird das Meßverfahren illustriert mit zwei Beispielen. Die Beispiele sind so gewählt, daß die meisten Aspekte der Verwendung vom VICON-System bei der Bewegungsanalyse am Arbeitsplatz sichtbar werden. Hier werden nur Teile der Studien beschrieben. Literaturangaben verweisen zu den kompletten Beschreibungen.

Beispiel Näharbeiten

Bild 3   Näharbeitsplatz und Näherin im Labor.

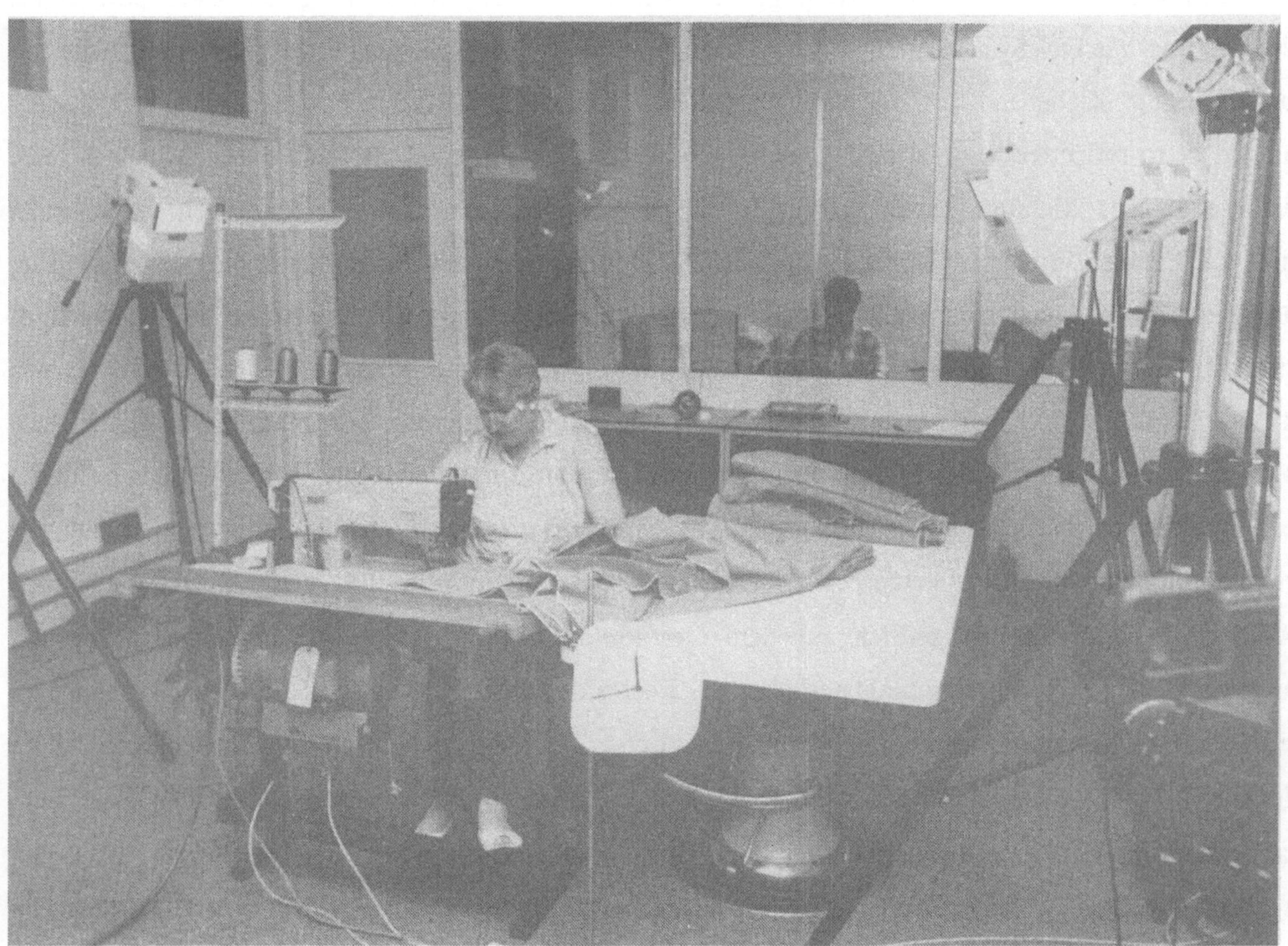

Bei Näherinnen in der Möbel-, Kleidung- und Schuhindustrie wurden Beschwerden der linken Schulter, des Nackens und des unteren Rückens festgestellt. Die Beobachtung der Arbeit zeigt, daß die linke Schulter (teilweise) gehoben wird bei der Steuerung des Materials entlang der Nadel. Dies belastet die Schulter und verursacht wahrscheinlich die Beschwerden. Weiterhin werden der Kopf und der Oberkörper gebeugt um eine optimale Sicht zu erreichen. Dies belastet den Nacken und den unteren Rücken so, daß es die Beschwerden erklären kann.

Ergonomische Richtlinien ergaben nur daß die Tischhöhe nicht unterhalb +5 cm zur Ellbogenhöhe sein dürfte (Dul u.a., 1988). Beim VICON-Projekt wurden die Effekte (1) der *Tischhöhe* (+5, +10 und +15 cm zur Ellbogenhöhe), (2) der *Neigung der Tischplatte* (0 (flach) und 10 Grad zur Näherin geneigt) und (3) der *Lage des Bedienungspedals* (von der Näherin aus gesehen: die Pedaldrehachse 4 cm bevor und 6 cm hinter der Nadel) (Delleman und Dul, 1990).

Im Labor wurde einen Näharbeitsplatz nachgebaut (Bild 3).

Fünf professionelle Näherinnen führten ihre übliche Arbeitsaufgabe aus an verschiedenen kombinierten Einstellungen der Tischhöhe, Tischplatteneigung und Pedallage.

Zur Festlegung der Körperhaltung wurden jeweils zwei Markierobjekte angebracht auf dem Kopf und auf dem linken Oberarm.

Bild 4   Die Lage der Markierobjekte und die Definition der Winkel α und β während Näharbeiten.

Winkel α (Bild 4) wurde bei der Seitenansicht der Näherin während der Arbeit sowohl wie in einer Ruhelage berechnet. Der Unterschied zwischen beiden Winkeln ergibt die Gesamtbeuge des Kopfes, des Nackens und des Rumpfes (Kopf/Nacken/Rumpf-Beuge). Dieses einfache Maß ergibt die Möglichkeit zu beurteilen, wann die Gesamtlage für zwei der Beschwerdenregionen (der Nacken und der untere Rücken) am besten ist. Die Ruhelage ist die Körperhaltung wobei gerade nach vorne wird geschaut, der Rumpf aufrecht ist und die Arme abhängen.

Winkel β (Bild 4) wurde ebenso während der Arbeit und in der Ruhelage berechnet. Der Unterschied zwischen beiden Winkeln ergibt die Hebung des linken Armes. Dieses einfaches Maß unterscheidet nicht zwischen Vorwärts- und Seitwärtshebung. Beide sind integriert in der Hebung des linken Armes, daß die Möglichkeit ergibt zu beurteilen, wann die Lage für die dritte Beschwerdenregion (die linke Schulter) am besten ist.

Beispiel Schleifarbeiten

Bei bestimmten Gruppen von Wartungspersonal in der Stahlindustrie wurden Beschwerden des unteren Rückens festgestellt. Die Beobachtung der Arbeit zeigt, daß der Oberkörper vielfältig gebeugt und/oder gedreht ist bei der Arbeit am Tisch. Dies belastet den unteren Rücken und verursacht wahrscheinlich (zum Teil) die Beschwerden. Momentan werden Arbeitstische fester Höhe verwendet. Schon die Gegebenheit, daß Wartungsobjekte alle unterschiedlicher Höhe sind, ergibt deshalb, daß niemals eine optimale Arbeitshöhe vorhanden ist.

Bild 5   Die Lage der Markierobjekte und die Definition des Winkels δ während Schleifarbeiten.

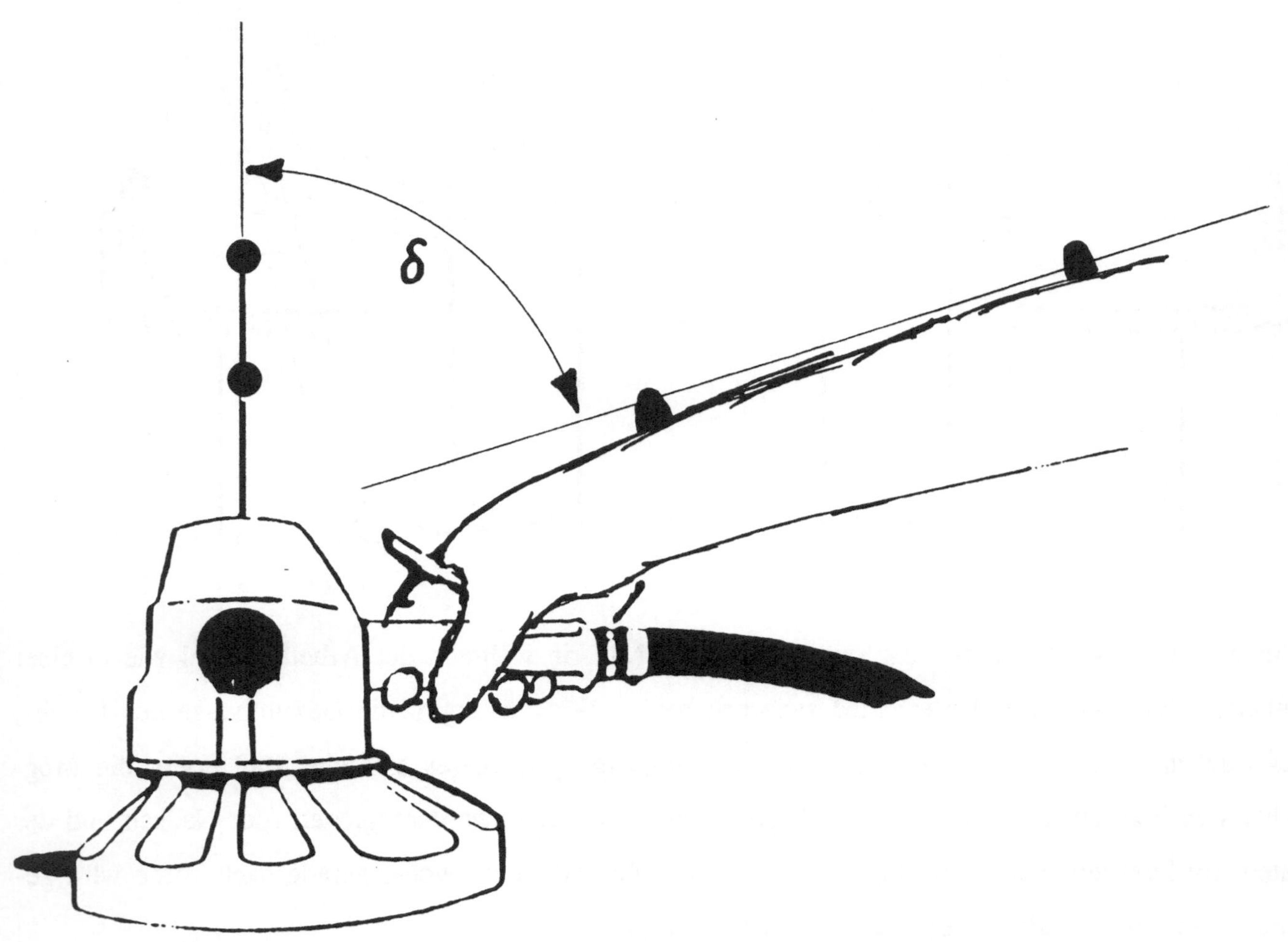

Ergonomische Richtlinien bezüglich optimaler Arbeitshöhe für Wartungsbearbeitungen gab es nicht. Beim VICON-Projekt wurde unter anderem den Effekt der *Arbeitshöhe* (-45, -35, -25, -15 und -5 cm zur Ellbogenhöhe) beim Schleifen getestet (Delleman und Brand, 1990).

In der Zentralwerkstatt wurde zur Ausführung der Experimente ein Scherenhebetisch installiert.

Acht Wartungsmitarbeiter führten Schleifarbeiten auf einer Metalplatte aus. Zur Festlegung der Körperhaltung wurden Markierobjekte angebracht an dem Kopf, an den beiden Arme und an dem Rumpf. In diesem Beitrag wird speziell auf die Lage des rechten Handgelenks geachtet. Zur Festlegung der Handgelenklage wurden jeweils zwei Markierobjekte auf ein Metalstäbchen angebracht oben auf der Schleifmaschine und auf den rechtem Unterrarm (Bild 5). Winkel δ (Bild 5) wurde während der Arbeit berechnet. Dieses einfache Maß ergibt die Möglichkeit die Handgelenklage zu beurteilen. Der Bedienungsschalter ist im rechten Griff der Schleifmaschine eingebaut. Der Schalter muß kontinuierlich eingedrückt sein während der Schleifarbeiten. Deshalb kann man annehmen, daß die Greifart immer die gleiche ist. Die Schleifmaschine und die rechte Hand bilden so einen Gesamtkörper. Winkel δ repräsentiert in diesem die Handgelenklage. Da Winkel δ keine Vermeßung der Palmarflexion und Dorsalextension sowie der Radialabduktion und Ulnarabduktion erlaubt, wurden Normal-Videobilder zur Gewinnung dieser Erkenntnisse verwendet.

5   Die Bewertung der Meßergebnisse

Zur Bewertung der VICON-Meßergebnisse gibt es mehrere Möglichkeiten. Die Körperhaltung an sich, die subjektiven Befunde der Versuchspersonen und die Verwendung von biomechanischen Modellen werden hier erläutert. Im Allgemeinen wird empfohlen, Bewertungsmethoden nur beim Vergleich von Arbeitssituationen zu verwenden, da meist (noch) keine valide Norm zur absoluten Bewertung bekannt ist.

A. Körperhaltung an sich

Im Prinzip wird angenommen, daß je mehr der Körper gegen die Schwerkraft arbeiten muß, desto ungünstiger die Haltung zu bewerten ist. In manchen Fällen aber ist es nicht möglich ohne weiteres zu Schlußfolgerungen bezüglich einer Fragestellung zu gelangen. Im Allgemeinen kann man zwei Situationen unterscheiden wobei dies der Fall ist. Erstens gibt es Situationen wo äußere Kräfte auf den Körper einwirken, die (teilweise) gegen die Schwerkraft arbeiten, z.B. Reaktionskräfte beim Armabstützen oder beim Einsatz von Arbeitsmitteln wie eine Schleifmaschine. Zweitens ist es häufig gesehen worden, daß in Folge einer ergonomischen Maßnahme der eine Körperteil (z.B. der untere Rücken) mehr gegen die Schwerkraft arbeiten muß und der andere (z.B. der Oberarm) weniger. In beiden erwähnten Situationen wird ergänzende Information gebraucht. Die Ermittlung dieser Information kann erfolgen über die Vermeßung der äußeren Kräfte oder über den Einsatz eines Fragebogens bezüglich der subjektiven Befunde der Versuchspersonen (unter B.).

Weiterhin wird angenommen, daß je mehr ein Gelenk von der Ruhelage oder Mittellage entfernt ist und sich mehr in einer extremen Gelenklage befindet, desto ungünstiger ist die Gelenklage zu bewerten. Die Belastung auf sogenannten passiven Strukturen wie Bänder nimmt zu und die Maximalkräfte der Muskeln nehmen ab. Ebenso wie bei der Bewertung der Schwerkräfte auf dem Körper, ist auch in diesem Fall zur Bewertung der Gelenklagen öfters eine ergänzende Information notwendig. Dies betrifft die Bewertung einer einzelnen Gelenklage an sich sowie die Bewertung der Gesamthaltung des Körpers einschließlich der bestimmten einzelnen Gelenklagen.

B. Subjektive Befunde

Professionelle Versuchspersonen sind in der Lage Arbeitsaufgaben und Arbeitsplätze zu bewerten. Der Fragebogen ist eine geeignete Methode zur Festlegung dieser subjektiven Befunde. In der Folge werden 4 Arten von Fragestellung beschrieben, welche bisweilen in ergonomischen Forschungsprojekten verwendet sind.

Körperteilbeschwerden.

Die Versuchsperson wird über das Maß an Beschwerden (Übel, Schmerzen, usw.) in den diesbezüglichen Körperregionen (Bild 6) befragt (van der Grinten, 1990). Dazu steht eine Skala von 0 (keine Beschwerden) bis 10 (extrem viele Beschwerden, nahezu maximal) zur Verfügung.

Empfindung der Haltung bestimmter Körperteile.

Die Versuchsperson wird befragt, die Haltung (Lage) des Körperteiles auf einer 7-Punkte-Skala (1 = sehr günstig, 3 = günstig, 5 = ungünstig und 7 = sehr ungünstig) zu bewerten. Je nachdem die ergonomische Fragestellung es erfordert, wird nach relevanten Gliedern oder Gelenken gefragt (z.B. das Handgelenk, der Rumpf, der Nacken).

Direkte Bewertung experimenteller Variablen.

Dem Versuchsperson wird befragt, jede Einstellung einer experimentellen Variable zu bewerten. Z.B. im Falle Arbeitshöhe könnte es 5 Antwortmöglichkeiten geben (1 = viel zu niedrig, 2 = etwas zu niedrig, 3 = gut, 4 = etwas zu hoch und 5 = viel zu hoch).

Gesamtbewertung der Arbeitsaufgabe und/oder des Arbeitsplatzes.

Bei der erste Alternative wird die Versuchsperson befragt, zu schätzen wie lange er oder sie nach einer bestimmten experimentellen Arbeitszeit ohne Mühe weiterarbeiten kann. Z.B. bei einer experimentellen Arbeitszeit von 5 Minuten gebe es sämtliche Antwortmöglichkeiten (0 = weniger als 5 Minuten, 1 = 5 bis 10 Minuten, 2 = 10 bis 20 Minuten, 3 = 20 bis 30 Minuten, 4 = 30 Minuten bis 1 Stunde, usw.).

In einer zweiten Alternative zur Gesamtbewertung ist die Versuchs zu befragen, die experimentelle Arbeitsaufgabe oder den Arbeitsplatz zu vergleichen mit dem in der eigenen Firma. Es gebe dann 5 Antwortmöglichkeiten (1 = viel besser, 2 = etwas besser, 3 = gleich gut, 4 = etwas schlechter und 5 = viel schlechter).

Bild 6   Figur zur Festlegung von Körperteilbeschwerlichkeiten.

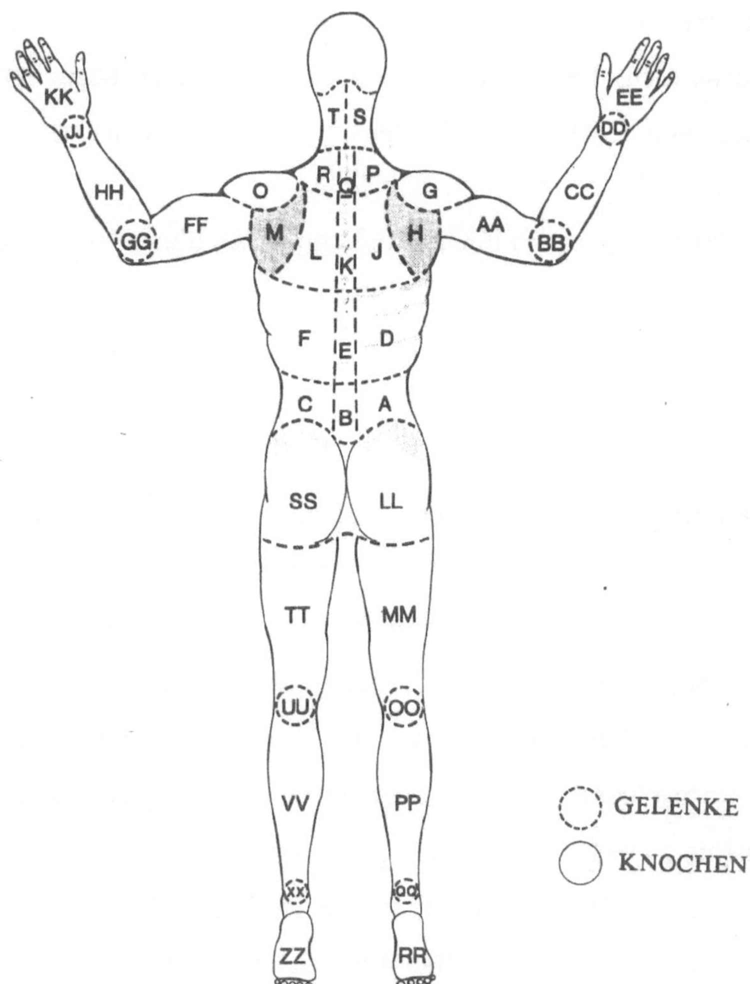

Subjektive Befunde der Versuchspersonen bilden eine ausgezeichnete Ergänzung zu VICON-Daten bezüglich Haltung und Bewegung. In beiden Beispielen wird ihr Nutzen weiter klar werden.

C. Biomechanische Modelle

Biomechanische Modelle repräsentieren einen Teil der Anatomie und Physiologie des Körpers. Bei der Beantwortung ergonomischer Fragestellungen werden öfters Modelle verwendet. Dies betrifft Gesamtkörper-Modelle, wie 2D-SSPP und 3D-SSPP (Chaffin und Andersson, 1984), sowie Gelenk-Modelle, wie ein Schultermodell (Dul, 1988) oder ein Modell des unteren Rückens (u.a. Schultz u.a., 1982). Über die Eingabe anthropometrischer Daten, Gliederlagen, Gliedergewichte und äußere Kräfte berechnen die genannten Modelle meist Gelenkmomente und manchmal die Belastung auf Muskeln und Gelenke.

Im Allgemeinen muß erwähnt werden, daß die Validität der berechneten Werte der Belastung auf Muskeln und Gelenke meist unbekannt ist. Außerdem ist die Validität der Belastungsgrenzwerte zur Vorbeugung gegen Bewegungsapparatschäden ebenfalls meist unbekannt. Deshalb wird empfohlen Modellauskünften nicht eine absolute Gültigkeit zu verleihen, sondern sie nur beim Vergleich von Arbeitssituationen zu verwenden. Bei ergonomischen Fragestellungen bezüglich des unteren Rückens genügt dazu ein einfaches Modell (Drost und Delleman 1989, Delleman u.a. 1990).

In der Folge wird die Bewertung der VICON-Meßergebnisse illustriert an den obengenannten Beispielen Näharbeiten und Schleifarbeiten.

Beispiel Näharbeiten

Die VICON-Meßergebnisse zeigten bei ansteigender *Tischhöhe* eine abnehmende Kopf/Nacken/Rumpf-Beuge (Bild 7) und eine zunehmende Hebung des linken Oberarmes. Bei abnehmender Tischhöhe erfolgte ein umgekehrter Effekt. Die Bewertung der entgegengesetzten Lagen der beiden Körperteile erlaubt keine Aussage über eine optimale Tischhöhe für den gesamten Körper. Die subjektiven Befunde der Versuchspersonen ergaben ebenfalls keine Gruppenpräferenz für eine der drei Tischhöhen. Vermeßungen in mehreren Firmen bestätigten dies. Allerhand Tischhöhen oberhalb des Ellbogens (bis zu +15 cm) wurden gefunden. Deshalb wird aufgrund dieser Studie und einer vorhergegangenen Studie (Dul u.a., 1988) empfohlen die Tischplatte mindestens 5 cm oberhalb der Ellbogenhöhe zu stellen. Die Näherin selber muß in der Lage sein aufgrund ihrer Präferenz die Höhe bis zu 15 cm oberhalb der Ellbogenhöhe zu stellen.

Weiterhin zeigten die VICON-Meßergebnisse, daß bei jeder Tischhöhe bei einer 10 Grad *Tischplatteneigung* die Gesamthaltung des Kopfes, des Nackens und des Rumpfes mehr aufrecht ist (Bild 7). Vermutlich erlaubt eine Neigung der Tischplatte eine bessere Sicht. Die Tischplatteneigung wurde von der Näherin aber nur dann bedeutend besser befunden wenn das *Bedienungspedal* sich, von der

Näherin aus gesehen, hinter der Nadel (weiter weg unter dem Tisch) befand. Deshalb wird diese bestimmte Kombination der Tischplatteneigung und Lage des Bedienungspedals empfohlen.

Bild 7   Die Kopf/Nacken/Rumpf-Beuge bei bestimmten Arbeitshöhen und Tischplatteneigungen während Näharbeiten.

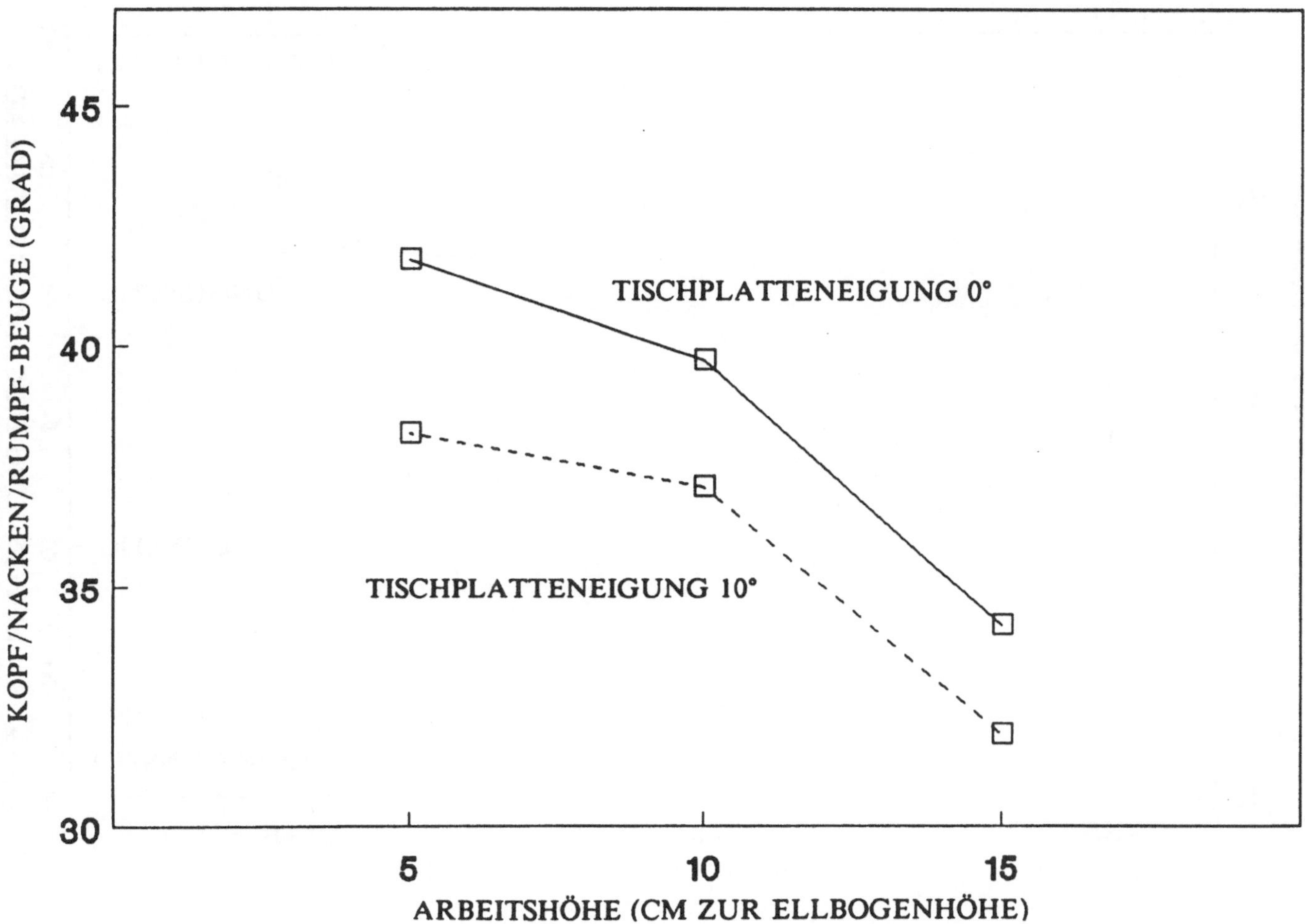

Beispiel Schleifarbeiten

Die Meßergebnisse zeigten, daß der Rumpf bei einer *Arbeitshöhe* unterhalb -35 cm zur Ellbogenhöhe bedeutend mehr gebeugt ist. Dies wurde bestätigt von den subjektiven Befunde der Versuchspersonen. Die Arbeitshöhe -45 cm zur Ellbogenhöhe wurde als bedeutend zu niedrig beurteilt. Die Lage des Rumpfes wurde als mindest günstig empfunden. Die Körperteilbeschwerden des unteren Rückens (Bild 6, Körperregionen A, B und C) waren am höchsten bei dieser Arbeitshöhe.

Weiterhin zeigten die VICON-Meßergebnisse, daß bei zunehmender Tischhöhe ab -35 cm zur Ellbogenhöhe die Oberarme mehr gehoben sind. Die Handgelenkwinkel δ nimmt gleichfalls zu (Bild 8). Es läßt sich erkennen, daß bei diesen Arbeitshöhen das Handgelenk sich in einer ungünstigen Extremlage befindet. Normal-Videobilder zeigten eine extreme Beuge vor. Die Handgelenklage wurde von den Wartungsmitarbeitern ebenfalls bedeutend ungünstiger beurteilt (Bild 8).

Aufgrund der genannten Ergebnisse wird eine Arbeitshöhe -35 cm zur Ellbogenhöhe als optimale Arbeitshöhe für Schleifarbeiten empfohlen.

Bild 8   Die Handgelenkwinkel δ und die Empfindung der Handgelenklage bei bestimmten Tischhöhen während Schleifarbeiten.

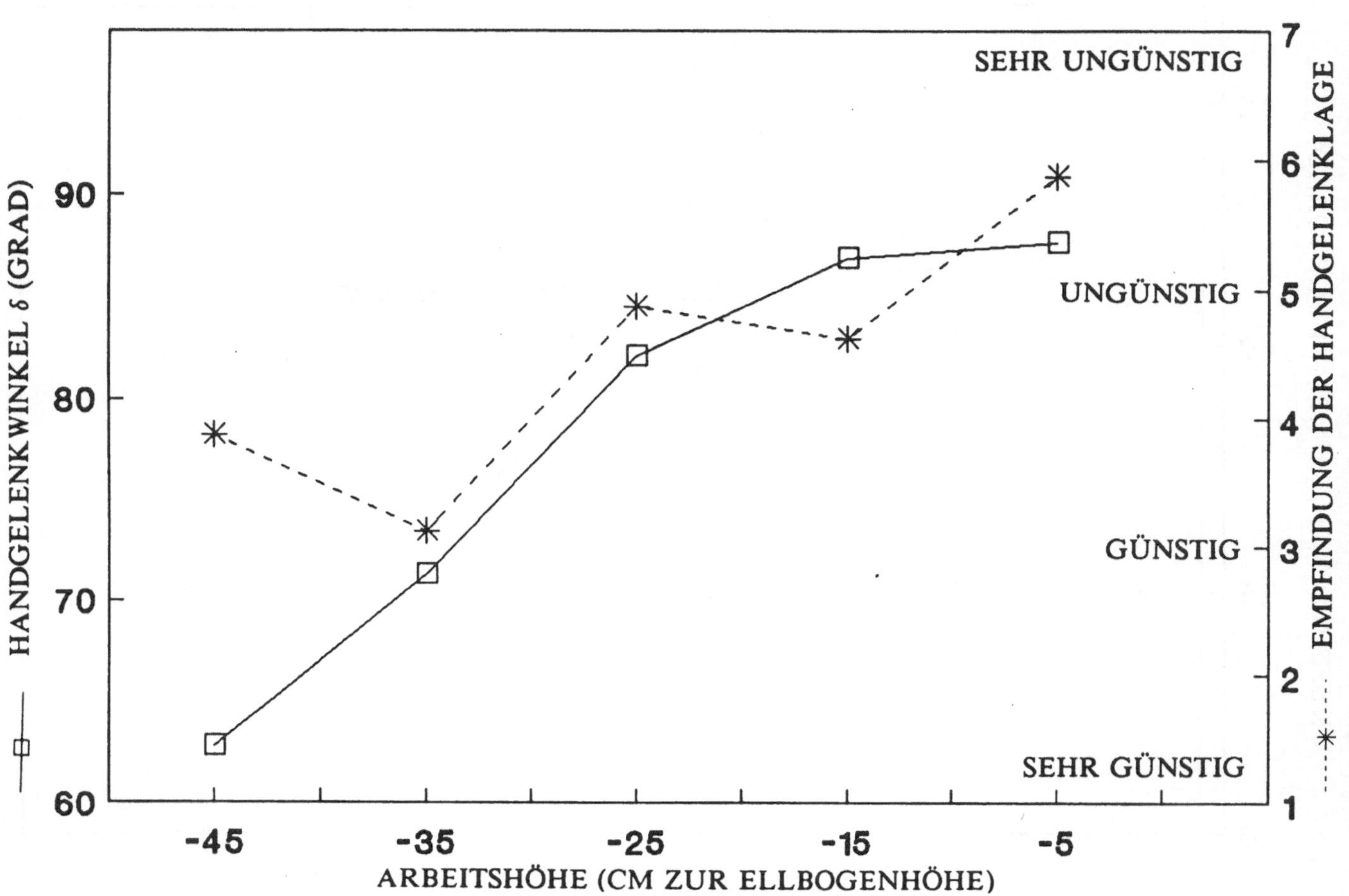

6   Arbeitsplatzverbesserung in der Praxis

Beispiel Näharbeiten

Die Forschungsarbeit hinsichtlich eines optimalen Näharbeitsplatzes hat gezeigt, daß die Einstellung der Tischhöhe, der Neigung der Tischplatte und der Lage des Bedienungspedals unbedingt wichtig ist zur Erreichung einer optimalen Haltung des Gesamtkörpers. Im Zusammenarbeit mit einem Fabrikanten wurde ein neues Untergestell für Nähmaschinen entwickelt (Bild 9). Dies gibt der Näherin die Möglichkeit gemäß den Forschungsresultaten die Tischhöhe einfach aus der Sitzlage ein zu stellen. Zudem erlaubt die Tischplatte eine Neigung bis zu 20 Grad und das Bedienungspedal kann frei auf dem Boden plaziert werden.

Bild 9   Näharbeitsplatz mit neu-entwickeltem Untergestell.

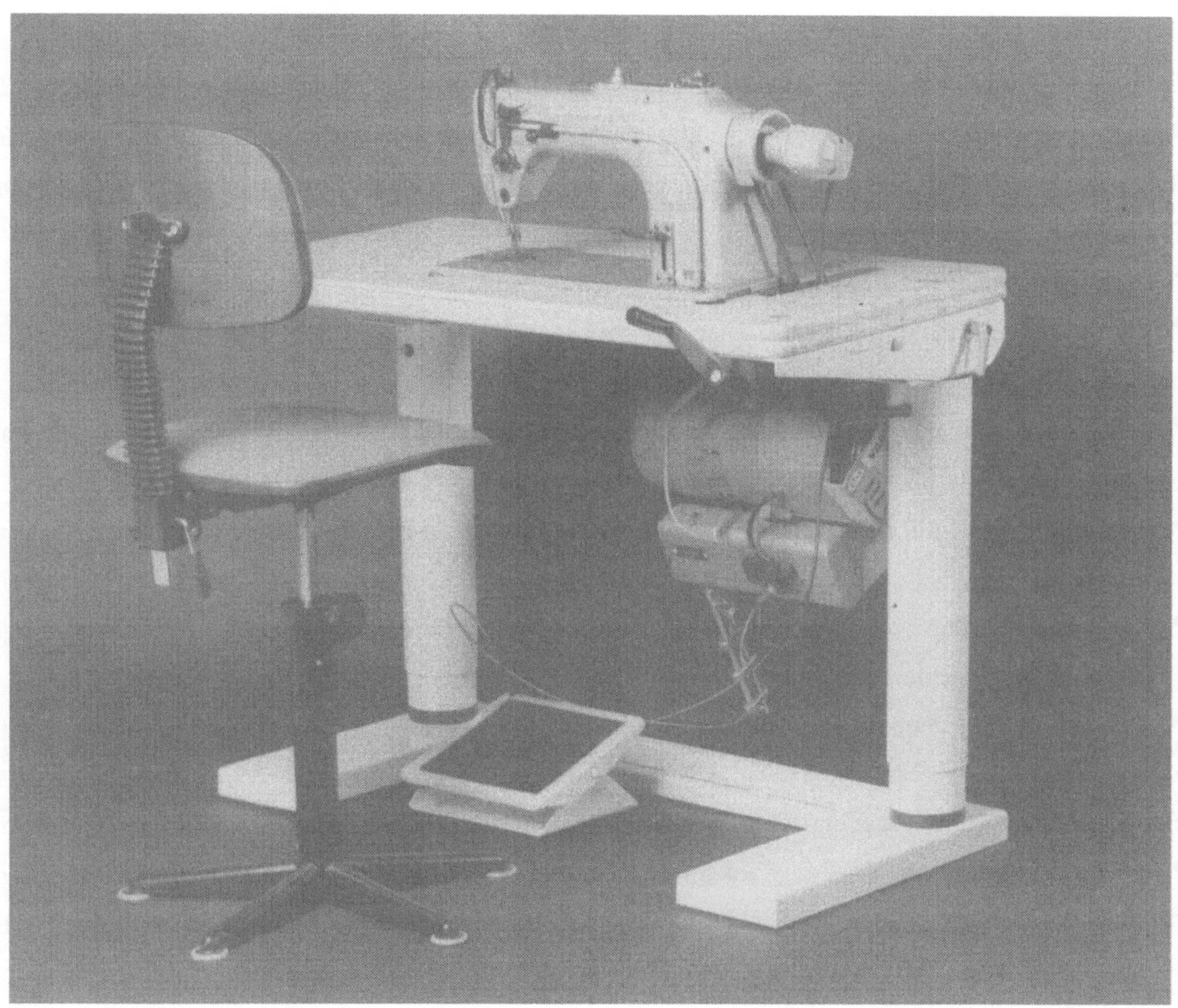

Beispiel Schleifarbeiten

Die Forschungsarbeit hinsichtlich Wartungsarbeiten ergab, daß Bearbeitungen wie Schweißbrennen, Schleifen und (Ab-)montierarbeiten unterschiedliche optimale Arbeitshöhen erfordern (Delleman und Brand, 1990). Dazu kommt, daß Wartungsobjekte alle eine unterschiedliche Höhe haben, und daß die Mitarbeiter unterschiedlicher Körperlängen aufweisen. Aufgrund dieser Gegebenheiten wurde empfohlen Hebetische zu installieren.

Außerdem hat die Forschungsarbeit hinsichtlich optimaler Arbeitshöhen Erkenntnisse über optimale Gestaltung von Arbeitsmitteln (Schweißbrenner, Schleifmaschine, usw.) hergegeben. Weitere Forschungsarbeit ist diesbezüglich wünschenswert.

7   Diskussion und Ausblick

In diesem Beitrag wurde die Anwendung VICONs bei der Arbeitsplatzgestaltung beschrieben. Im Allgemeinen kann dieses System eingesetzt werden unter der Bedingung, daß eine klare Fragestellung hinsichtlich Haltung und Bewegung gegeben ist. Das VICON-System an sich hat bestimmte Pluspunkte:

* Dreidimensionale Beschreibung von Haltung und Bewegung.

* Vermeßung von mehreren Körperteilen zur gleichen Zeit.

* Zusätzliche Verarbeitung von Analog-Signalen.

* Benutzerfreundlichkeit hinsichtlich Bedienung, graphische Darstellung und automatisierte Verfahren.

* Flexibilität hinsichtlich Kamera-Aufstellung, Plazierung der Markierobjekte und Lichtstärke in der Umgebung.

* Abwesenheit einer zusätzlichen Belastung der Versuchspersonen wegen Drahtverbindungen und/oder Instrumente am Körper.

* Anwendung im Labor sowie in der Arbeitspraxis.

Bei der Beantwortung ergonomischer Fragestellungen hat sich gezeigt, daß eine einfache (jeweils nur zwei Markierobjekte am Kopf und am linken Oberarm bei Näharbeiten) und/oder eine kreative (Vermeßung der Handgelenklage bei Schleifarbeiten) Anwendung vom System genügt bzw. notwendig ist. In der Ergonomie wird der Einsatz von Meßsystemen sowohl im Labor wie in der Arbeitspraxis benötigt. Das VICON-System hat sich in beiden Umgebungen bewährt (siehe Anwendungsbeispiele). Die Bewertung der Körperhaltung und Bewegung ist und wird auch in der Zukunft ein sehr wichtiges Studienobjekt für Ergonomen sein. In diesem Beitrag wurde die Verbindung von Vermeßung der Körperhaltung und Bewegung mit subjektiven Befunden der Versuchspersonen betont. Ausgangspunkt dabei ist immer, daß die Resultate beider Methoden einander bestätigen und nicht strittig sind. Diese Arbeitsweise war bis jetzt erfolgreich. Aufgrund der Forschungsarbeiten wurde tatsächlichen Arbeitsplatzverbesserungen realisiert. Der Einsatz von VICON wird in der Zukunft in gleicher Art und Weise fortgesetzt hinsichtlich Bildschirmarbeit sowie bestimmte Bearbeitungen in der Metalprodukte-Industrie.

Bei der Arbeitsgestaltung wird meist klar, daß arbeitsspezifische ergonomische Richtlinien sowie die Reaktionen der Arbeitnehmer (Haltung/Bewegung, subjektive Befunde, usw.) auf eine (geänderte) Arbeitssituation abwesend bzw. unbekannt sind. Der Arbeitnehmer kann als eine kinematische Gelenkkette gesehen werden, die manchmal viele Möglichkeiten (Freiheitsgraden) hat selber zu bestimmen, aber ebenfalls öfters von der Arbeitsaugabe und vom Arbeitsplatz bestimmt wird. Jedes Planungs- und Gestaltungsinstrument (CAD-Systeme, Video-Somatographie, VICON, usw.) kann nur dann optimal funktionieren wenn es Erkenntnisse diesbezüglich entweder ergibt oder verwendet. In allen Fällen wo bei experimentellen Verfahren zur Erwerbung dieser Erkenntnisse eine Arbeit simuliert wird, muß großer Wert auf die Validität gelegt werden, d.h. wesentliche Elemente der Arbeit müssen anwesend sein. Je mehr Erkenntnisse anwesend sind, desto geringer sind der Zeitaufwand und die Kosten bei der Planung und Gestaltung der Arbeit.

Literatur

Chaffin D.B., Andersson G.B.J.. Occupational Biomechanics. John Wiley & Sons. New York, Chichester, Brisbane, Toronto, and Singapore, 1984.

Delleman N.J.. Standard protocol for posture and movement measurement by VICON. Module 1. Gross body postures and movements (proposal). Leiden, NIPG-TNO, 1989. (Internes Manuskript)

Delleman N.J., Dul J.. Ergonomic guidelines for adjustment and redesign of sewing machine workplaces. In: Work design in practice. 3rd International Occupational Ergonomics Symposium, Zadar, Yugoslavia (Eds. Haslegrave C.M. et al.). Taylor & Francis. London, New York, and Philadelphia, 1990. Chapter 20.

Delleman N.J., Brand W.A.. Ergonomic guidelines on the optimum working height for pneumaticwrenching, oxy-gas cutting, and grinding during maintenance work in the steel industry. In: Dul J. (Editor), Bolijn A.J., Delleman N.J., Hildebrandt V.H.. Ergonomic prevention of musculoskeletal disorders of maintenance workers in the steel industry. Luxembourg, European Coal and Steel Communities, 5th Ergonomics Programme. Commission of the European Communities. Chapter 5. (Herausgabe erfolgt Ende 1990 oder Anfang 1991)

Delleman N.J., Drost M.R., Huson A.. Value of biomechanical macro-models as suitable tools for the prevention of work-related low back problems. (Angeboten an Clinical Biomechanics)

Drost M.R., Delleman N.J.. Vorbeugung gegen arbeitbezogene Probleme des unteren Rückens. Inventuraufnahme von biomechanische Forschung bezüglich des unteren Rückens zur Vorbeugung gegen Beschwerden des unteren Rückens (In holländischer Sprache). Studie S35-3, Ministerie van Sociale Zaken en Werkgelegenheid, Voorburg, 1989.

Dul J.. A biomechanical model to quantify shoulder load at the workplace. Clinical Biomechanics 1988, 3 (3), 124-128.

Dul J., Baty D., van der Grinten M.P., Hildebrandt V.H., Buckle P.W.. The effect of table height on posture and discomfort of female sewing machine operators. NIPG-TNO, Leiden, 1988. (Internes Manuskript)

Grinten M.P. van der. Vorbeugung gegen arbeitsbezogene Bewegunsapparatprobleme. Inventuraufnahme und Beurteilung von Methoden zur Vermeßung elektrischer Muskelaktivität (EMG) sowie Körperteilbeschwerlichkeiten in der Arbeitspraxis (In holländischer Sprache). Studie S91-1, Ministerie van Sociale Zaken en Werkgelegenheid, Voorburg, 1990.

Hildebrandt V.H.. Review of epidemiological research on risk factors of low back pain. In: Musculoskeletal disorders at work (Ed. P.W. Buckle). Taylor & Francis, London, New York, and Philadelphia, 1987. Pp. 9-16.

Hildebrandt V.H.. Vorbeugung gegen arbeitsbezogene Probleme des unteren Rückens. Perspektiven zur epidemiologischen Forschung (In holländischer Sprache). Studie S35-2, Ministerie van Sociale Zaken en Werkgelegenheid, Voorburg, 1988.

Kuorinka I., Jonsson B., Kilbom A., Vinterberg H., Biering-Sørensen F., Andersson G., Jørgensen K.. Standardised Nordic questionnaire for the analysis of musculoskeletal symptoms. Applied Ergonomics 1987, 18 (3), 233-237.

Schultz A.B., Andersson G.B.J., Haderspeck K., Örtengren R, Nordin M., Björk R.. Analysis and measurement of lumbar trunk loads in tasks involving bend and twists. J Biomech 1982, 15, 669-675.

Urlings I.J.M., Nijboer I.D., Dul J.. A method for changing the attitudes and behaviour of mangement and employees to stimulate the implementation of ergonomic improvements. Ergonomics 1990, 33 (5), 629-637.

Anschrift der Autoren:

Drs. N.J. Delleman

Nederlands Instituut voor Praeventieve Gezondheidszorg TNO

Postbus 124, 2300 AC Leiden, Nederland

IAO-Forum

Rechnerunterstützte Arbeitsplatzgestaltung

CAD-Video-Somatographie – Analyse und Simulation der Mensch-Arbeitsmittel-Schnittstelle

D. Lorenz

INHALT

1 Beschreibung der CAD-Video-Somatographie

1.1 Funktionsweise

Die nachfolgend beschriebene CAD-Video-Somatographie (CADVS) ist eine Methode zur Analyse, Gestaltung und Simulation der Mensch-Arbeitsmittel-Schnittstelle.

Sie ist für statische und dynamische (Berücksichtigung von Körperbewegungen) Anwendungen geeignet. Sie kann bereits in frühen Stadien des Entwicklungs- und Konstruktionsprozesses von Arbeitsmitteln auf CAD-Systemen eingesetzt werden.

Das Funktionsprinzip der CADVS beruht auf der Interaktion eines real vorhandenen, videotechnisch aufgezeichneten Menschen (Proband) mit einer an einem CAD-System generierten Konstruktionsskizze oder -zeichnung eines Arbeitsmittels in einem Videobild (Trickbild). Das Funktionsprinzip ist in Bild 1 dargestellt.

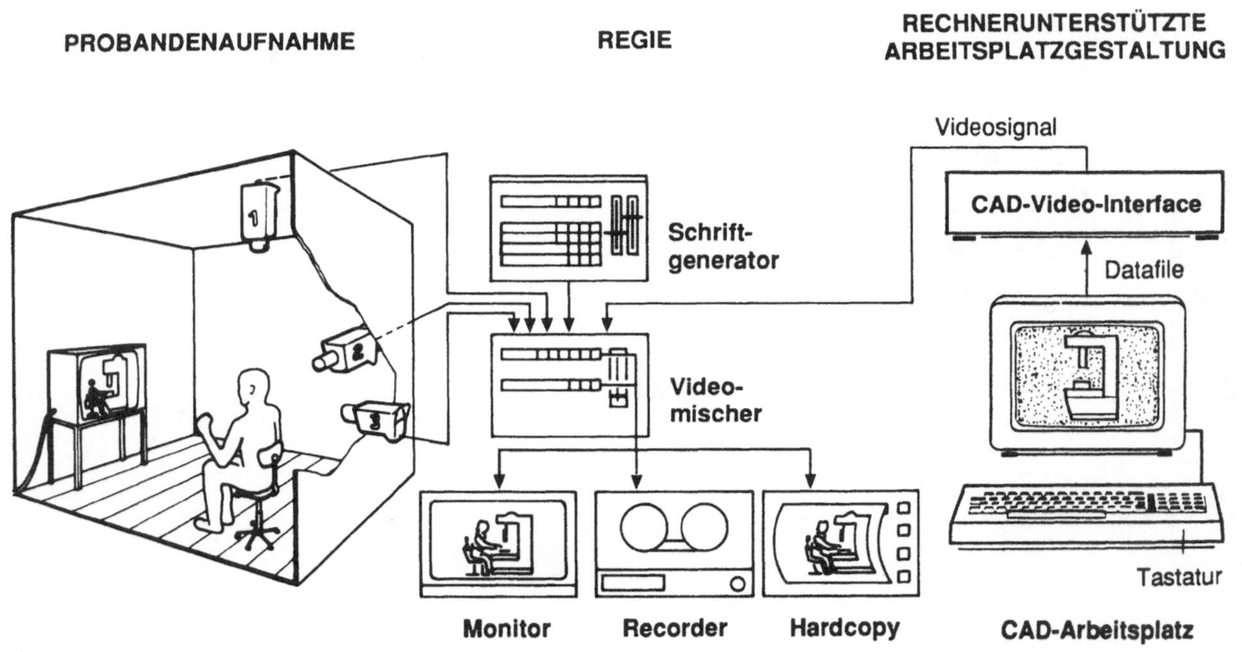

Bild 1: Funktionsprinzip der CAD-Video-Somatographie

Analog zum technischen Zeichnen werden vom Probanden, als einer Komponente dieses Trickbildes, mit bis zu 3 Farb-Videokameras jeweils orthogonale Ansichten erstellt. Die Videobilder des Probanden werden einem Videomischer zugespielt. Als zweite Komponente dient die auf einem CAD-Bildschirm erstellte Skizze oder Zeichnung des Arbeitsmittels in 3 Ansichten. Über ein CAD-Video-Interface werden diese Bilder ebenfalls dem Videomischer zugespielt. Nach Abgleich der Körpermaße des Probanden auf den Maßstab der Skizze oder Zeichnung und Auswahl der zueinander gehörenden An-

sichten werden die Bilder des Probanden und des Arbeitsmittels videotechnisch überlagert. Während der Aufnahme agiert der Proband vor einem in einer der Grundfarben
Rot, Grün oder Blau gehaltenen Hintergrund. Durch Ausblendung eben dieses Farb-
kanals entsteht um das Bild des Probanden ein Freiraum für die Einblendung der auf
dem CAD-Bildschirm generierten Skizze oder Zeichnung des Arbeitsmittels (Croma-Key-
Verfahren). Dadurch können verdeckte Linien im Trickbild unterdrückt werden.

Über die visuelle Kontrolle des Trickbildes auf einem oder mehreren Videomonitoren
(Probandenmonitor) im Aufnahmebereich des Probanden kann dieser seine Bewegungen am Arbeitsmittel koordinieren. So kann er beispielsweise an verschiedenen Stellen
des Arbeitsmittels "zugreifen", Reichweiten, Freiräume und Sehräume überprüfen.
Ebenso wie der Proband kann der Methodenanwender die Interaktion des Probanden
mit dem Arbeitsmittel auf einem Videomonitor verfolgen und Erkenntnisse über den Ge-
staltungszustand der Mensch-Arbeitsmittel-Schnittstelle gewinnen. Von großer Bedeutung ist es, daß der Proband vom Arbeitsmittel erzwungene ungünstige Körperhaltungen
oder Bewegungabläufe als solche empfinden und dem Methodenanwender mitteilen
kann. Die damit gewonnenen Erkenntnisse können nun direkt in die Konstruktion des
Arbeitsmittels umgesetzt werden. Für diese Konstruktionsaufgabe stehen die Vorzüge
des installierten CAD-Systems in vollem Umfang zur Verfügung. Damit wird - ähnlich wie
bei Menschmodellen auf CAD-Systemen - eine interaktive Bearbeitung der Konstruktionsaufgabe gewährleistet.

Die Verwendung von Varioobjektiven an den Videokameras gestattet die stufenlose
Vergrößerung bzw. Verkleinerung des Abbildes des Probanden, so daß mit einem Probanden beliebige Perzentile eines Benutzerkollektivs des jeweiligen Geschlechts simuliert werden können. Der in der anthropometrischen Arbeitsgestaltung übliche Anpaßbe-
reich vom 5. bis 95. Perzentil kann damit stufenlos abgedeckt und, sofern erforderllich,
auch über- oder unterschritten werden. Dem Probanden können während der Metho-
denanwendung auch Werkzeuge und Werkstücke an die Hand gegeben werden, die für
eine vollständige Simulation der Mensch-Arbeitsmittel-Interaktion notwendig sind. Die
sich dabei aufgrund von Gewichtskräften oder Zugriffsbedingungen verändernden
Funktionsmaße des Probanden können direkt für die Arbeitsmittelgestaltung umgesetzt
werden. Die Dokumentation der Konstruktionszeichnungen und deren Änderungen können dabei innerhalb des Rechnersystems als CAD-Datensätze oder auch als Plot erfolgen. Die Dokumentation des Trickbildes erfolgt auf Videokassetten oder in Form von
Papierkopien (Hardcopies).

Für die Anwendung der CADVS wird ein Labor mit dem Probandenaufnahmebereich
und dem Video-Mischplatz sowie ein CAD-Arbeitsplatz benötigt. Die notwendige Kon-

figuration des Labors und die Verfahrensschritte zur Analyse und Gestaltung einer Mensch-Arbeitsmittel-Schnittstelle werden nachfolgend beschrieben.

1.2 Gerätetechnische Ausstattung

Grundsätzlich können für den Aufbau eines CAD-Video-Somatographie-Labors (CADVSL) verschiedene gerätetechnische Komponenten sowie Hard- und Software-konfigurationen unterschiedlicher Hersteller verwendet werden. Die nachfolgend be-schriebene Konfiguration eines CADVSL ist am Fraunhofer-Institut für Arbeitswirtschaft und Organisation (IAO), Stuttgart aufgebaut.

Die technische Ausrüstung eines CADVSL läßt sich entsprechend seiner Funktion in die drei Hauptbestandteile CAD-Bereich (CAB), Probandenaufnahmebereich (PAB) und Regiebereich (REB) untergliedern. Im CAB befindet sich der CAD-Arbeitsplatz mit einem PC-basierenden oder über Workstation bzw. Zentralrechner betriebenen CAD-System. Der PAB umfaßt den für das Croma-Key-Verfahren farblich angelegten Probandenauf-nahmebereich, die Videokameras und die Beleuchtungskörper. Dem REB sind alle Ge-räte zur Videobildmischung, -überwachung, -speicherung, -verteilung, -aufzeichnung und -ausgabe sowie zur Ansteuerung und Kontrolle der Kameras und Objektive im PAB zugeordnet. Die Verknüpfung der Geräte in den einzelnen Laborbereichen ist in Bild 2 schematisch dargestellt.

Beim Aufbau eines CADVSL ist darauf zu achten, daß PAB und REB in einem Raum an-geordnet werden, der CAB sollte vorteilhafterweise in benachbarten Räumen angeord-net werden, gegebenenfalls mit Sichtverbindung zum REB. Dies ist jedoch nicht zwin-gend erforderlich.

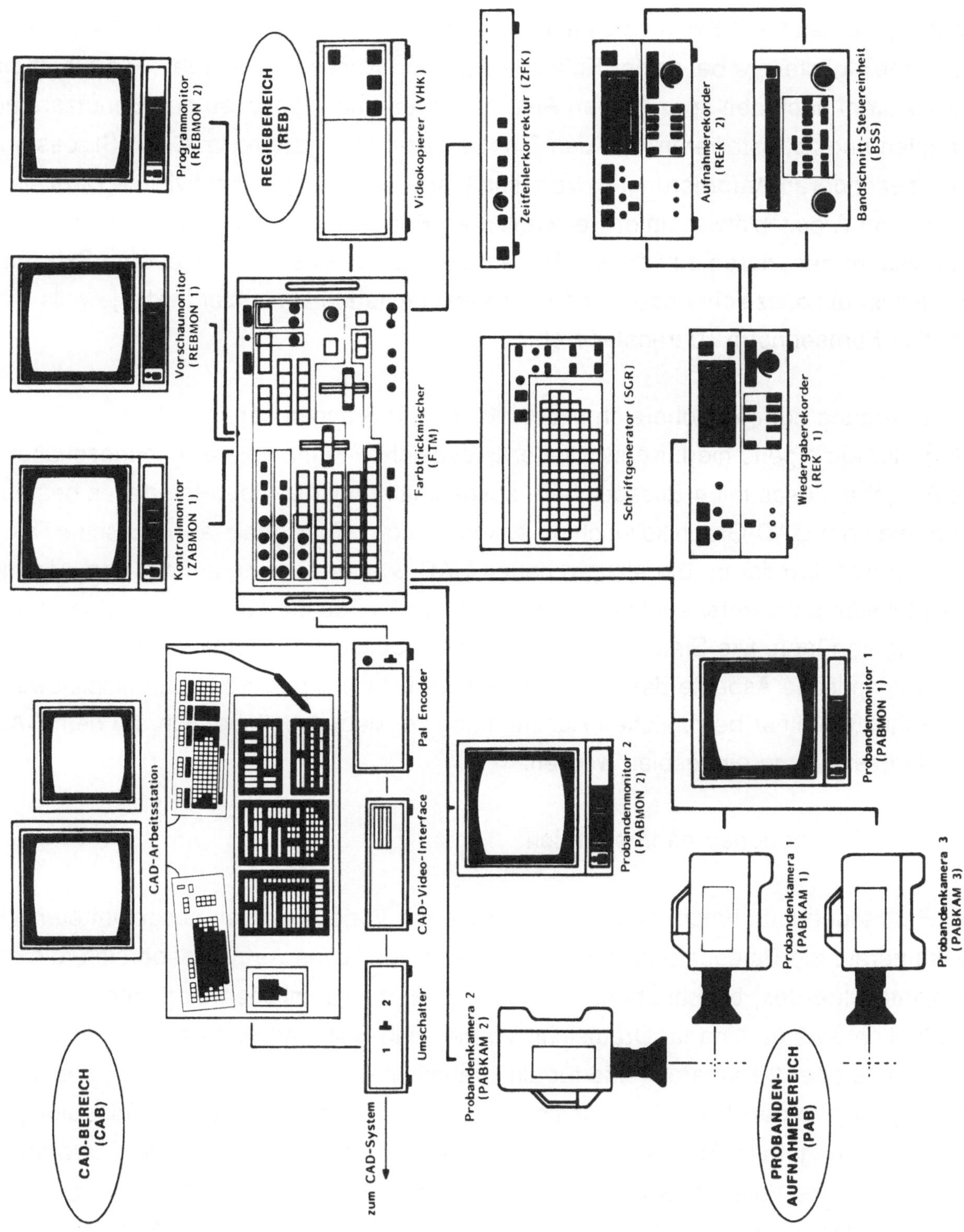

Bild 2: Schematische Verknüpfung der Geräte eines CAD-Video-Somatographie-Labors

1.2.1 CAD-Bereich

Die Aufgabe des CAD-Systems besteht primär in der Unterstützung eines Konstrukteurs oder Arbeitsgestalters bei seiner Entwicklungs- und Konstruktionsarbeit. Hierfür ist ein CAD-System nach den spezifischen Anforderungen und Wünschen des Benutzers auszuwählen und zu installieren. Für den Einsatz des CAD-Systems im CADVSL bestehen keine besonderen Anforderungen. Vorteilhaft ist es jedoch, perspektivische Darstellungen von Arbeitsplätzen unter frei wählbaren Beobachtungsrichtungen und Perspektivitäten generieren zu können. Die auf dem CAD-Bildschirm erzeugten Skizzen oder Konstruktionszeichnungen sind über entsprechende Umsetzer in die jeweils eingesetzte Fernsehnorm zu transferieren.

Den Übergang zum Videobereich bildet die serielle Standardschnittstelle RS 232 C (V24), der ein eigens hierfür entwickelter Bildspeicher/-komprimierer nachgeschaltet ist. Die Aufgabe dieses mit 4 Bildspeichern ausgestatteten CAD-Video-Interfaces besteht darin, die vom CAD-Graphikbildschirm ankommenden Bildsignale auf deutsche TV-Norm zu transformieren. Bei einigen neuen CAD-Systemen kann auf die Verwendung eines Bildkomprimierers/-speichers verzichtet werden, da die Geräte über einen Video-Ausgang verfügen. Die Simulation der Mensch-Arbeitsmittel-Interaktion kann dabei nun auch dynamische Aspekte des Arbeitsmittels berücksichtigen. So kann beispielsweise das Schließen einer beweglichen Abschirmung vor dem Arbeitsbereich auf dem CAD-Bild dargestellt und eingespielt werden.

1.2.2 Probandenaufnahmebereich

Der Probandenaufnahmebereich wird über die mit Varioobjektiven ausgestatteten Videokameras, die Beleuchtungskörper und den eigentlichen Aufnahmebereich, die sogenannte Blue-Box, beschrieben. In Abhängigkeit der räumlichen Gegebenheiten sind 3 Videokameras (je eine für Draufsicht, Vorder- und Seitenansicht der Versuchsperson) mindestens aber 2 Kameras (eine für die Draufsicht und eine weitere für die serielle Erzeugung der Vorder- bzw. Seitenansicht) erforderlich. Von wesentlicher Bedeutung für eine verzerrungsfreie Abbildung und Gewährleistung einer ausreichenden Bewegungsraumtiefe für die Versuchsperson (Einfluß der Perspektivität auf die Abbildungsgüte) ist der einzuhaltende Mindestabstand zwischen Kamera und Versuchsperson. Die Kameras sind mit einer motorischen Brennweitenverstellung ausgestattet und auf einen Kameraträger montiert, der ebenfalls über eine elektromotorische Verstellung in der Höhe verändert werden kann. Diese Funktionen können vom Regiebereich aus angesprochen werden. Die Beleuchtung des PAB sollte vorzugsweise über Entladungslampen erfolgen, deren Farbtemperatur der des Tageslichtes sehr ähnlich ist, um im Labor eine Mischbeleuchtung aus Kunst- und Tageslicht zu erlauben. Die Versuchsperson befindet sich während der Aufnahme in der sogenannten Blue-Box. Es handelt sich hierbei um einen so abgegrenzten Raumteil des Labors, daß in jeder der gewählten Ansichten von allen Kameras die Versuchsperson vor einem einheitlich in der Grundfarbe Blau gehaltenen Aufnahmehintergrund erscheint. Hierzu werden der Boden und die betreffenden Wände mit einem geeigneten Textilwerkstoff (z.B. Teppichboden) bespannt oder farblich angelegt. Ferner sind alle Hilfsmittel, die im Analysebild nicht erscheinen sollen (z.B. Ablage für Werkstücke, Aufstützflächen für die Versuchsperson) ebenfalls in dieser Farbe zu streichen. An den Rändern der Blue-Box sind für den Probanden gut einsehbar mehrere Videomonitore blendfrei zu plazieren.

1.2.3   Regiebereich

Mit den im REB installierten Geräten werden die erforderlichen Analyse- und Gestaltungsschritte geleitet und dokumentiert. Hierzu steht je ein Vorschaumonitor für die aus dem CAB und PAB ankommenden Bilder zur Verfügung. Über einen Farbtrickmischer werden diese Bilder gemischt bzw. gestanzt und an einen Kontrollmonitor im REB sowie die Video-Monitore im PAB ausgegeben. Über den Einsatz von Farbkameras in Verbindung mit der Blue-Box kann das Bild der Versuchsperson von ihrem Aufnahmehintergrund "abgelöst" werden und in das aus dem CAB ankommende Bild gestanzt werden. Dadurch wird eine wesentlich bessere Bildqualität erreicht als beim einfachen Übermischen der Bilder, und das Abbild der Versuchsperson wird durch keine Linien der Skizze oder Konstruktionszeichnung durchkreuzt (realitätsnäheres Bild). Über einen Zeichen- und Schriftgenerator können die Videobilder kommentiert werden. Für die Dokumentation der Videobilder steht ein Videorekorder (dynamische Dokumentation) und ein Hardcopygerät (statische Dokumentation) zur Verfügung.

1.3   Verfahrensschritte bei der Anwendung

Für die Anwendung des CADVS werden mindestens 2 Personen benötigt:
- o   Die Versuchsperson, die die potentielle Nutzergruppe repräsentiert (z.B. männlich, weiblich, äthnologische Abstammung) und über die an dem zu gestaltenden Arbeitsplatz auszuführenden Tätigkeiten ausreichend informiert ist.
- o   Der Konstrukteur, bzw. Arbeitsgestalter, der in der Bedienung und Anwendung der CADVS geschult ist und zumindest über Grundkenntnisse der ergonomischen Arbeitsgestaltung verfügt.

Nachfolgend werden die Verfahrensschritte zur Simulation einer Mensch-Arbeitsmittel-Interaktion an einem Beispiel dargestellt.

Der Konstrukteur bzw. Arbeitsgestalter wählt zunächst am CAD-Arbeitsplatz die zu untersuchenden Ansichten des Arbeitsplatzes aus. Entsprechend des vorliegenden Maßstabes der Konstruktionsskizze oder -zeichnung wird der zugehörige Perzentilmaßstab aufgerufen. Vom REB wird nun über die motorische Höhenanpassung der Videokamera und Veränderung der Brennweite das Bild der Versuchsperson im PAB mit dem Perzentilmaßstab abgeglichen (vgl. Bild 3).

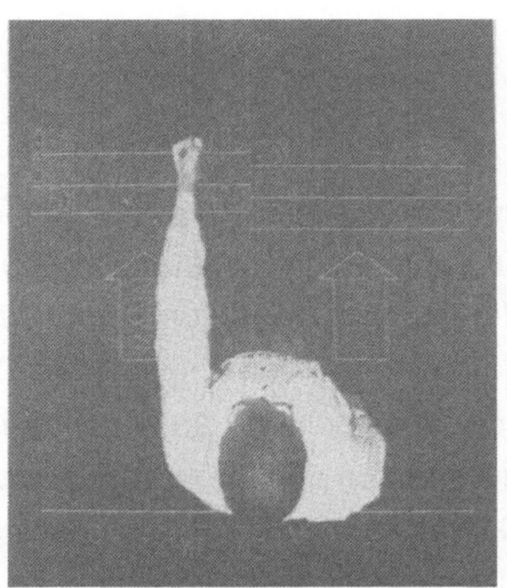

Bild 3: Abgleich der Körpermaße am Perzentilmaßstab (links: Armreichweite nach vorn / rechts: Körperhöhe im Stehen) (Fotographie vom Bildschirm)

Vom REB wird nun die Ansicht des am CAD-Bildschirm ausgewählten Arbeitsplatzes übernommen und mit dem Abbild der Versuchsperson überlagert. Wesentlich dabei ist, daß die Grundlinie des Arbeitsplatzes mit der des Perzentilmaßstabes übereinstimmt. Ein Beispiel für ein so zu erhaltendes Trickbild ist in Bild 4 dargestellt.

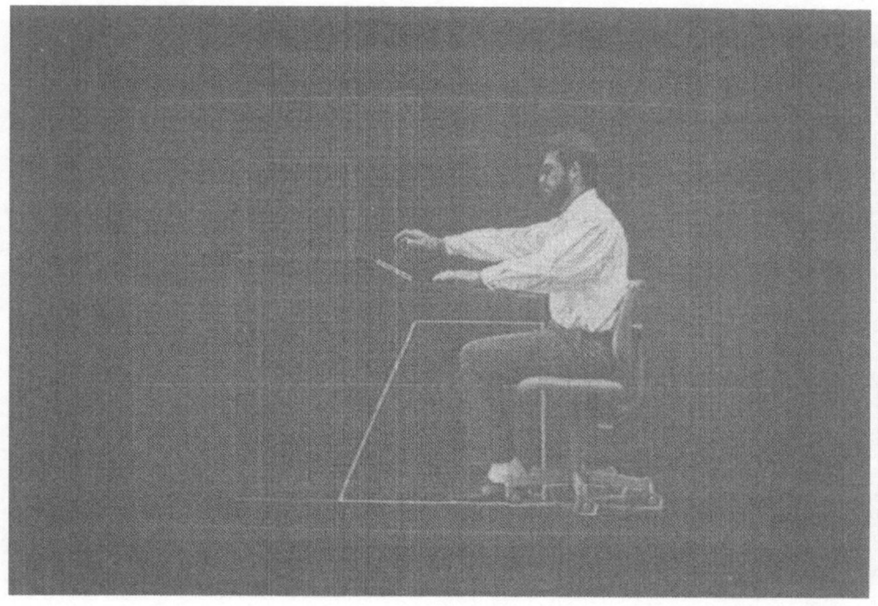

Bild 4:   Überprüfung der Maßgestaltung eines Regiepultes mit Hilfe der CADVS
(Fotographie vom Bildschirm)

Zur Vereinfachung des Körpergrößenabgleichs können die benötigten Perzentilgrenzwerte auch direkt im zu analysierenden CAD-Bild vorgegeben werden. Ein Beispiel hierfür ist in Bild 5 dargestellt. Hier sind die Perzentilmaßstäbe für die Körperhöhe des 5. und 95. Perzentils als Bezugslinien zur Grundlinie dargestellt.

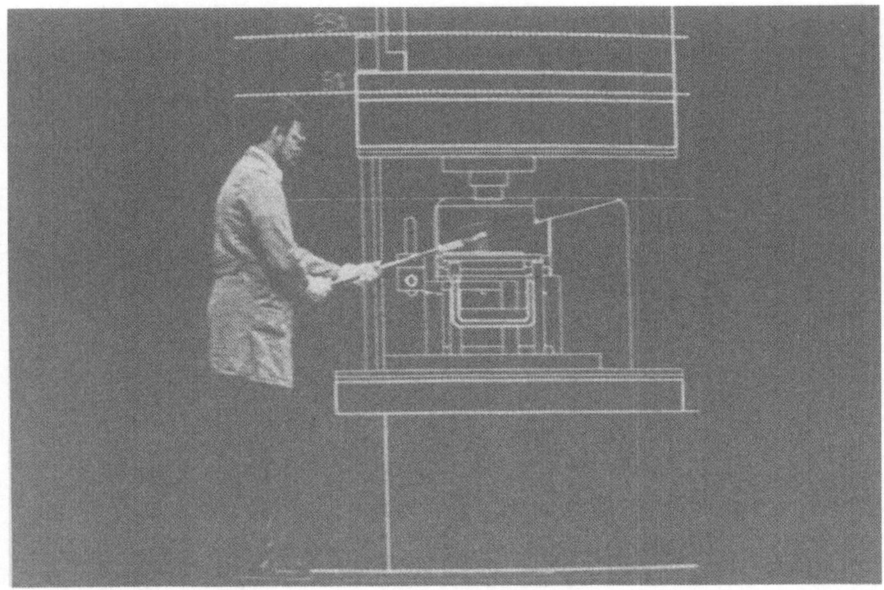

Bild 5:   Seitenansicht eines Pressenarbeitsplatzes mit eingezeichnetem Perzentilmaßstab für die Körperhöhe des 5. und 95. Perzentils männlich

Die Versuchsperson koordiniert den Bewegungsablauf der Hände, Arme, Beine oder
des gesamten Körpers über die Beobachtung des Trickbildes. Dadurch können die beim
Arbeiten am Arbeitsplatz erforderlichen Bewegungsabläufe und Tätigkeiten in kürzester
Zeit vollständig ausgeführt werden. Die Koordination der Bewegungsabläufe über die
ausschließlich visuelle Rückmeldung vom Videomonitor im PAB entspricht bereits nach
wenigen Minuten Einübungszeit weitgehend den Bewegungsabläufen an einem realen
Arbeitsplatz. Da während der Analyse auch Werkzeuge und Werkstücke in den Original-
abmessungen und -gewichten verwendet werden können, ergeben sich natürliche Bewegungsabläufe und Körperhaltungen während der Analyse.

1.4   Fehlerbetrachtung

Alle Methoden zur anthropometrischen Arbeitsgestaltung modellieren eine Mensch-
Arbeitsmittel-Interaktion. Dabei werden entweder der Mensch, das Arbeitsmittel oder beide modelliert. Diese Modellierung ist mit Fehlern gegenüber der Realität behaftet. In der
Literatur zu den Methoden finden sich teilweise Angaben zu den Fehlern des technischen Systems - sofern eine gerätetechnische Ausstattung erforderlich ist - und Angaben über die getroffenen Vereinfachungen bei der Modellierung des Menschen. Umfassende Fehlerbetrachtungen werden in der Regel nicht durchgeführt. Allgemeingültige
Aussagen über maximal zulässige Fehler bei der Anwendung einer Methode werden
nicht gemacht.

Innerhalb dieses Kapitels wird eine Abschätzung des Gesamtfehlers der CADVS vorgenommen. Aufgrund des komplexen Zusammenwirkens unterschiedlicher menschlicher und technischer Komponenten der hier vorgestellten Methode, ist die direkte Quantifizierung von Fehlergrößen bzw. die unmittelbare Angabe eines maximal zulässigen Fehlers nicht immer explizit möglich. An den entsprechenden Stellen gestatten empirisch ermittelte und praktisch erprobte Verfahrensweisen, die möglichen Fehler zu beschreiben. Fehler, die auf unsachgemäße Anwendung der Laborelemente, auf die Nichtbeachtung bestehender Normen oder Richtlinien sowie unzutreffende egonomische Interpretationen zurückzuführen sind, werden - soweit sie methodenunabhängig sind - in den folgenden Abschnitten nicht betrachtet. Die Fehlerquellen bei der Anwendung der CADVS lassen sich in fünf wesentliche Bereiche unterteilen:

o Das technische System als Instrument zur Aufnahme und Umsetzung von optischen bzw. elektronischen Signalen,

o die Bewegungsraum-/Objekttiefe als unterschiedlicher Aufnahmeabstand zwischen Videokamera und Proband,

o der Proband als Repräsentant eines Benutzerkollektivs und die Nicht-Linearität der Körpermaße,

o die Simulation der Mensch-Arbeitsmittel-Interaktion und

o die Beurteilung dieser Interaktion durch den Methodenanwender.

Die Fehlerquellen der ersten drei Bereiche lassen sich überwiegend quantitativ, die der beiden letzten Bereiche nur qualitativ beschreiben. Die quantifizierbaren Fehler beziehen sich auf die in Kapitel 2 beschriebene Ausstattung des am Fraunhofer-Institut für Arbeitswirtschaft und Organisation (IAO), Stuttgart installierten CADVSL sowie auf die Analyse und Gestaltung von Arbeitsmitteln für die berufstätige Bevölkerung der Bundesrepublik Deutschland. Die Fehler werden als relative Fehler F_r angegeben und beschreiben die Abweichung von der Realität in Prozent.

Der in Gleichung 1 dargestellte quantifizierbare Gesamtfehler (F_{rG}) der CADVS ist die Summe aus dem technischen Fehler (F_{rT}), dem aus der Bewegungsraum-/Objekttiefe resultierenden Fehler (F_{rO}) und dem Probandenspezifischen Fehler (F_{rP}):

$$F_{rG} = F_{rT} + F_{rO} + F_{rP} \tag{1}$$

1.4.1 Technisches System

Bei der CADVS wird das Abbild eines Probanden mit einem CAD-Bild überlagert. Dabei können Fehler der eingesetzten Technik in der optischen und elektronischen Signalübertragung entstehen, die als F_{rT} quantifiziert werden.

Fehler in der elektronischen Signalübertragung des Probandenbildes auf dem Target (Abbildungsebene) der Videokamera, bei der Umsetzung des CAD-Bildes in die PAL-Norm und Überlagerung beider Bilder im Trickbild sowie in dessen Darstellung auf einem Monitor können in allen an der Signalübertragung beteiligten Elektronikkomponenten entstehen. Dabei können sich die Fehler der einzelnen Komponenten addieren und subtrahieren.

Bei der gegebenen Zahl von Geräten sowie ihren verschiedenen Einstellmöglichkeiten würde daher eine Fehlerbetrachtung jeder einzelnen Komponente nur zu einer vergleichsweise unscharfen Aussage führen. Präziser und praxisorientierter ist dagegen eine gesamtheitliche Fehlerermittlung in Form der Überprüfung der elektronischen Signalübertragungskette mit geeigneten Testbildern. Testbilder sind dabei einfache und kostengünstige Prüfmittel, die zudem mit geringem Aufwand selbst hergestellt werden können.

Für die CADVS eingesetzte Testbilder gestatten die Ermittlung von Längenabweichungen in horizontaler und vertikaler Bildrichtung. Zusätzlich in den Ecken der Bilder angebrachte konzentrische Kreise gestatten eine Einstufung des erzeugten Programmbildes hinsichtlich seiner Verzerrungsfreiheit nach erfolgter Mischung. Das Vorgehen bei der Überprüfung des Laborsystems ist dem bei der Anwendung der CADVS angepaßt. So wird im PAB das entsprechende Testbild (formatfüllend) aufgenommen, während der Methodenanwender dessen Gegenstück im CAB am Bildschirm erzeugt. Wurden die Testbilder einmal in Form von Graphikdaten im CAD-System gespeichert, ist ihr Zurückladen bzw. Ausdrucken (auf verzerrungsfreier Zeichenfolie) bei Bedarf jederzeit wiederholbar.

Bei dieser Vorgehensweise werden alle technischen Fehler F_{rT} erfaßt. Neben den Fehlern der Signalübertragung werden auch ggf. optische Fehler der Videokameras mitberücksichtigt. Zur Bestimmung des technischen Fehlers aus der Mischung der beiden Testbilder im Trickbild werden die Abweichungen der in den Testbildern enthaltenen Keile, wie in Bild 6 dargestellt, ermittelt. Dabei beschreibt jede von der Nullinie entfernte Linie einen Fehler von 1,25%. Auf diese Weise ermittelte relative Abweichungen ergeben nach sorgfältiger Justage und Abstimmung aller technischen Komponenten einen Fehler von $F_{rT} = 1 - 2\%$.

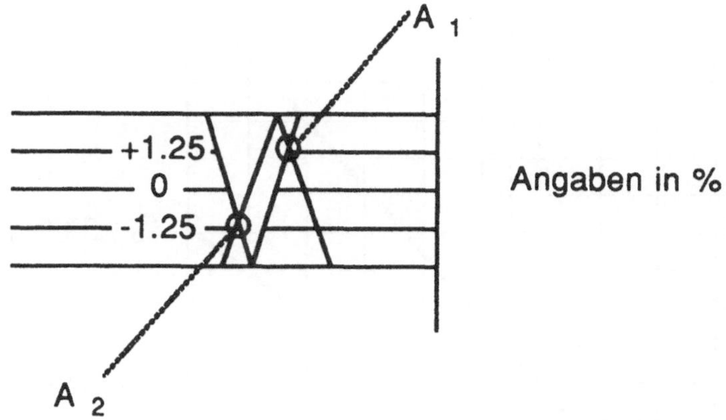

A_1 : Abweichung an der rechten Keilseite

A_2 : Abweichung an der linken Keilseite

$F_{rT} = A_2 - A_1$ in %

Bild 6: Beispielhafte Ermittlung des technischen Fehlers F_{rT} aus der Abweichung der im Trickbild gemischten Testbilder

1.4.2 Bewegungsraum-/Objekttiefe

Ein gutes Objektiv bildet ein Objekt proportional zu dem Winkel ab, unter dem die von ihm ausgehenden Lichtstrahlen auf das Objektiv treffen. Da die Lichtstrahlen weiter entfernter Objekte unter einem kleineren Winkel als die Lichtstrahlen von gleich großen, näher gelegenen Objekten das Objektiv erreichen, werden sie demzufolge kleiner auf dem Target der Videokamera abgebildet. Für die CADVS kann dies einen möglichen Fehler bedeuten, da bei der Überlagerung des Probandenbildes mit dem CAD-Bild unterschiedliche Aufnahmeabstände zu einzelnen Körperteilen oder -partien auftreten. Diese durch die räumliche Tiefe des aufzunehmenden Objektes (Objekttiefe, z.B. Abstand des linken und rechten Armes des Probanden in der Seitenansicht) veränderte Größenabbildung verstärkt sich noch, wenn sich das Objekt von der Kamera entfernt oder auf sie zubewegt (z.B. Bewegungen des Probanden in der Tiefe des Aufnahmebereiches im PAB). Nachfolgend werden beide Einflüsse über das Maß c der Bewegungsraum-/Objekttiefe berücksichtigt. Der Einfluß der Gegenstandsweite a (Aufnahmeabstand) und der Bewegungsraum-/Objekttiefe c unter Berücksichtigung der Gegenstandshöhe H (Körperhöhe des Probanden) auf die Größe des Abbildes auf dem Target der Videokamera (Abbildungsebene) ist in Bild 7 dargestellt.

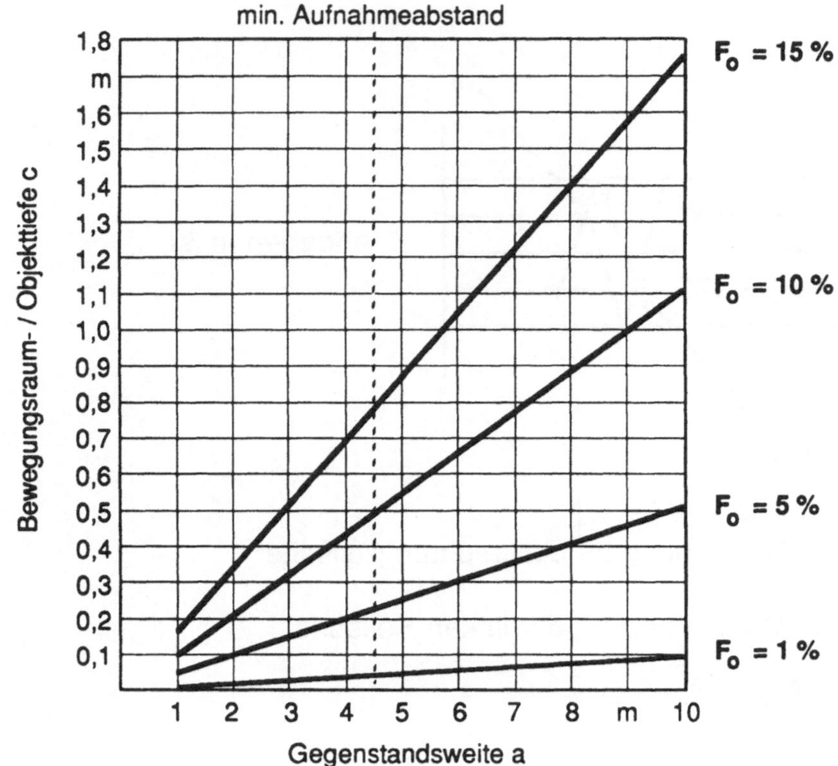

Bild 7:   Einfluß des Aufnahmeabstandes auf die Abbildungsgüte

Unter Berücksichtigung der in vorstehendem Bild geltenden Beziehungen

$$\frac{H}{H´} = \frac{h}{h´} \qquad (2)$$

läßt sich der Fehler F_{rO} berechnen aus

$$F_{rO} = \frac{h - h´}{h} = \frac{H - H´}{H} \qquad (3)$$

Bei unverändertem Bildfeldwinkel (konstante Brennweite) gilt ferner:

$$\tan \frac{\beta}{2} = \frac{H´}{2a} = \frac{H}{2(a + c)} \qquad (4)$$

Damit ergibt sich durch Einsetzen von Gleichung (4) in Gleichung (3) der Fehler F_{rO}

$$F_{rO} = \frac{2(a + c)\tan\frac{\beta}{2} - 2a\tan\frac{\beta}{2}}{2(a + c)\tan\frac{\beta}{2}} \qquad (5)$$

und nach Auflösung der Gleichung (5)

$$F_{rO} = \frac{c}{a + c} \tag{6}$$

Bei Tolerierung eines vorgegebenen Fehlers kann damit die Bewegungsraum-/Objekttiefe c unter Berücksichtigung der gewählten Gegenstandsweite a (entspricht dem Aufnahmeabstand im CADVSL) aus Gleichung (6) berechnet werden:

$$c = \frac{F_{rO}}{1 - F_{rO}}\, a \tag{7}$$

Das nachfolgende Bild 8 gibt mögliche Bewegungsraum-/Objekttiefen in Abhängigkeit von der Gegenstandsweite (Aufnahmeabstand) bei zugelassenem Fehler F_{rO} von 15, 10, 5 und 1% an. So folgt beispielsweise bei einem Aufnahmeabstand von 10 m (wie in dem am IAO installierten PAB gegeben) und einer Bewegungsraum-/Objekttiefe von 50 cm ein Fehler von ca. 5%.

Bei der Anwendung der CADVS treten üblicherweise Bewegungsraum-/Objekttiefen von 20 - 30 cm auf. Damit beträgt der Fehler F_{rO} = 2 - 3%.

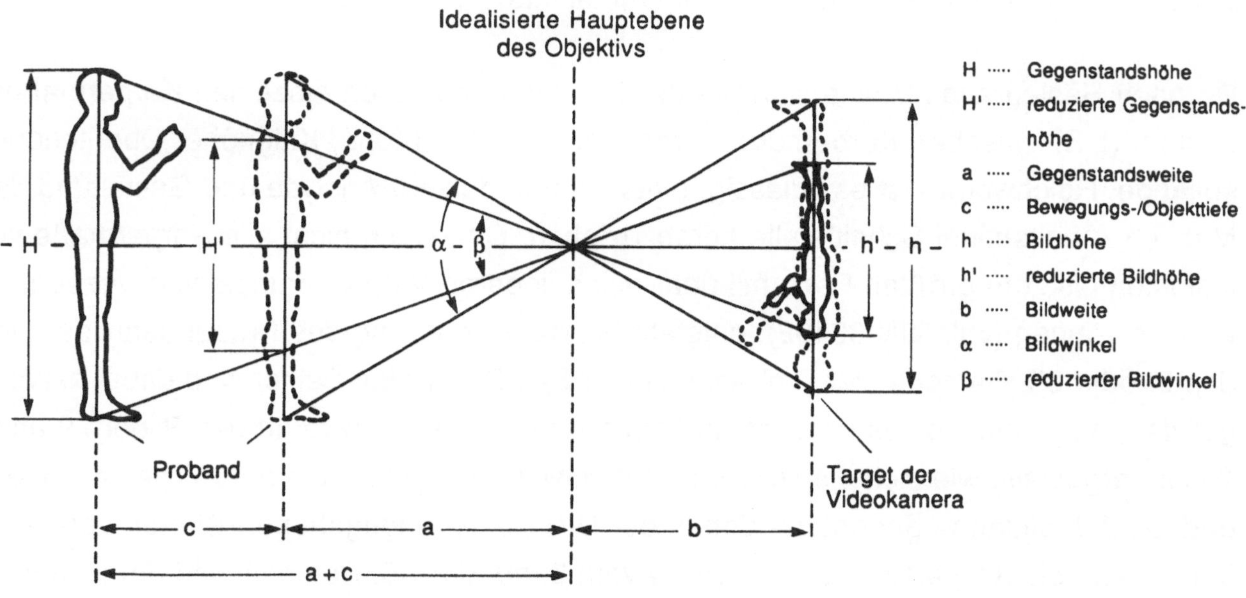

Bild 8: Einfluß der Gegenstandsweite a auf die Bewegungsraum-/Objekttiefe c bei verschiedenen zulässigen Fehlern F_{rO}.

Der Fehler F_{rO} kann weiter reduziert werden, wenn eine fluchtpunkt-perspektivische Ansicht der auf dem CAD-System erstellten Konstruktionsskizze/-zeichnung generiert wird.

Dabei müssen sich die Maße des Arbeitsmittels in der Tiefe der jeweiligen Ansicht im gleichen Verhältnis ändern, wie sich das Abbild des Probanden auf dem Target der Videokamera ändert. Diese Vorgehensweise ist jedoch erst dann sinnvoll, wenn die Bewegungsraumtiefe des Probanden mehr als 50 cm beträgt.

1.4.3 Proband

Bei der Anwendung der CADVS stellen die Abbilder der Probanden zumindest die Perzentilgrenzwerte des jeweiligen Benutzerkollektivs (5. und 95. Perzentil) dar. Da es für die Anwendung der CADVS sehr erschwerend wäre, jeweils einen Proband zur Verfügung zu haben, der annähernd dem 5. bzw. 95. Perzentil entspricht, wird in der Regel das Abbild des Probanden an das jeweilige Perzentil angepaßt. Bei der Auswahl des Probanden ist darauf zu achten, daß dieser das Benutzerkollektiv nach ethnischer Gruppenzugehörigkeit und Geschlecht repräsentiert. Aufgrund des unterschiedlichen Körperbautyps von Männern und Frauen kann dies bei der Anwendung der CADVS bedeuten, daß zwei Probanden benötigt werden. Bei diesen Probanden sollte es sich um Personen mit normal proportioniertem Körperbau im mittleren Perzentilbereich handeln. Der Proband sollte normal gekleidet sein und übliches Schuhwerk (z.B. Arbeitsschuhe bei der Arbeitsmittelgestaltung in der Fertigung) tragen. Um gute Körperkonturen bei der Anwendung des Croma-Key-Verfahrens zu gewährleisten, sollte sich die Kleidung des Probanden in Farbe und Kontrast vom Aufnahmehintergrund abheben.

Da nach Haslegrave /1/ eine signifikante Korrelation zwischen einzelnen Körpermaßen besteht (z.B. zwischen Körperhöhe, Augenhöhe, Schulterhöhe, Kniehöhe, Oberschenkellänge, Reichweite), ist es zulässig, einen Probanden zur Analyse und Gestaltung der Mensch-Arbeitsmittel-Schnittstelle heranzuziehen. Da jedoch nicht alle Körpermaße vom kleinsten bis zum größten Perzentil über einen linearen Vergrößerungsfaktor erzeugt werden können (vgl. DIN 33402), entsteht bei der Anpassung des Probandenbildes an das 5. oder 95. Perzentil der Probandenfehler F_{rP}. Der größte Fehler wird dabei hervorgerufen, wenn ein kleines Perzentil auf ein großes angepaßt wird. In den Bildern 9 und 10 ist dargestellt, wie sich die Maße der Reichweite nach vorn, die der Körpersitzhöhe und Gesäßbeinlänge gegenüber den in der DIN 33402 angegebenen Werten verändern, wenn die Körperhöhe als Leitgröße vom 5. auf das 95. Perzentil und umgekehrt linear angepaßt wird.

Wird ein männlicher Proband (vgl. Bild 9) mit einer Körperhöhe von 1 629 mm (=5. Perzentil ohne Schuhwerk) so abgebildet, daß er im Trickbild die Körperhöhe von 1 841 mm (=95. Perzentil ohne Schuhwerk) einnimmt, so ergibt sich bei der Reichweite nach vorn ein Fehler von -5,0%. Es ergibt sich somit eine Reichweite von 748 mm im Gegensatz zu den in der Norm festgehaltenen 787 mm. Im Bild 10 ist für weibliche Probanden dargestellt, wie sich die Maße Körperhöhe, -sitzhöhe und Gesäßbeinlänge verändern, wenn das Maß Reichweite nach vorn vom 5. auf das 95. Perzentil und umgekehrt angepaßt wird.

Der Fehler F_{rP} kann durch Auswahl von Probanden im mittleren Perzentilbereich und durch einen gezielten Abgleich des relevanten Körpermaßes, wie es bei der Anwendung der CADVS benötigt wird (z.B. Armreichweite, Oberschenkellänge, Körperhöhe im Sitzen), stark minimiert werden. So wird beispielsweise bei der Untersuchung von Reichweitenräumen nicht die Körperhöhe des Probanden auf das 5. Perzentil abgestimmt, sondern direkt die Reichweite. Der dabei entstehende Fehler des Körpermaßes Körperhöhe ist für die Reichweitenuntersuchung vernachlässigbar. Sofern ausreichende Perzentilmaßstäbe zur Verfügung stehen, liegt der Probandenfehler für den praktischen Einsatz der CADVS bei F_{rP} = 1 - 3%.

Geschlecht : männlich   Vergrößerungsfaktor : 1,13
Abgleichgröße : Körperhöhe   Verkleinerungsfaktor : 0,88

Körpermaß \ Werte	Istwerte nach DIN 33402		Vergrößerung vom 5. zum 95. Perz.		Verkleinerung vom 95. zum 5. Perz.	
	5. Perz. [mm]	95. Perz. [mm]	Rechenwert [mm]	Fehler [%]	Rechenwert [mm]	Fehler [%]
Körperhöhe	1629	1841	1841	-	1629	-
Reichweite nach vorn	662	787	748	-5,0	692	4,5
Körpersitzhöhe	849	962	959	-0,3	846	-0,3
Gesäß-Beinlänge	964	1125	1089	-3,2	990	2,6

Bild 9:   Probandenspezifische Fehler F_{rP} in der CADVS - Abgleich der Körperhöhe für Männer

Geschlecht : weiblich Vergrößerungsfaktor : 1,24
Abgleichgröße : Reichweite nach vorn Verkleinerungsfaktor : 0,81

Werte / Körpermaß	Istwerte nach DIN 33402		Vergrößerung vom 5. zum 95. Perz.		Verkleinerung vom 95. zum 5. Perz.	
	5. Perz. [mm]	95. Perz. [mm]	Rechenwert [mm]	Fehler [%]	Rechenwert [mm]	Fehler [%]
Körperhöhe	1510	1725	1868	8,2	1394	-7,6
Reichweite nach vorn	616	762	762	-	616	-
Körpersitzhöhe	805	914	996	8,9	739	-8,1
Gesäß-Beinlänge	955	1126	1181	4,9	910	-4,7

Bild 10: Probandenspezifische Fehler F_{rP} in der CADVS - Abgleich der "Reichweite nach vorn" für Frauen

1.4.4 Mensch-Arbeitsmittel-Interaktion

Die Mensch-Arbeitsmittel-Interaktion beinhaltet die notwendigen Bewegungsabläufe und auszuführenden Tätigkeiten eines Menschen an einem Arbeitsmittel. Fehler können dabei durch unnatürliche Bewegungsabläufe und realitätsfremde Körperhaltungen, -stellungen etc. entstehen. Derartige Fehler entstehen insbesondere dann, wenn ein Methodenanwender die Mensch-Arbeitsmittel-Interaktion vollständig beeinflussen kann. Dies ist bei allen konventionellen modellorientierten und bei einigen rechnerunterstützten Methoden möglich. In Unkenntnis des realen Bewegungsablaufes oder der sich beispielsweise bei einer beidhändigen Kopplung an einem handgeführten Arbeitsmittel ergebenden Körperhaltung und -stellung können von der Realität abweichende Mensch-Arbeitsmittel-Interaktionen simuliert werden.

Bei der Anwendung der CADVS können diese Fehler nur in geringem Umfang auftreten, da ein realer Mensch die Mensch-Arbeitsmittel-Interaktion ausführt. Dadurch werden weitgehend natürliche Körperhaltungen und -stellungen sowie Bewegungsabläufe gewährleistet. Dies wird insbesondere durch die Möglichkeiten der Verwendung von Werkstücken, Werkzeugen, Abstützflächen und die Einwirkung äußerer Kräfte und Momente auf den Probanden bei der CADVS erreicht. Dennoch können bei nicht ausreichender Übung des Probanden vor allem verlangsamte und vorsichtige Bewegungsabläufe auftreten. Der Methodenanwender und der Proband müssen auf die Vermeidung derartiger Fehler achten.

Die möglichen Fehler in der Simulation der Mensch-Arbeitsmittel-Interaktion entziehen sich in der Regel einer exakten Quantifizierung. So treten inter- und intraindividuelle Schwankungen bei der Ausführung gleicher Bewegungen auf. Eine eindeutige Bewegungsbahn als Referenzkurve zur Bestimmung von Abweichungen bei der Anwendung einer Methode kann damit nicht angegeben werden. Zur Klärung dieser Fragestellung sind weitere Forschungsarbeiten notwendig.

Es kann jedoch zusammenfassend festgestellt werden, daß die CADVS im Vergleich zu den ausgewählten Methoden, unabhängig von der Erfahrung des Methodenanwenders, die höchste Qualität der Mensch-Arbeitsmittel-Interaktion erzeugt. Die Bewegungsabläufe und auszuführenden Tätigkeiten an einem Arbeitsmittel können erfahrungsgemäß nach hinreichender Übung des Probanden mit ausreichender Genauigkeit ausgeführt werden.

1.4.5 Beurteilung durch den Methodenanwender

Die Beurteilung des Gestaltungszustandes einer Mensch-Arbeitsmittel-Schnittstelle erfordert bei allen beschriebenen Methoden einen qualifizierten Methodenanwender. Er muß in der Anwendung der Methode und der Vorgehensweise der anthropometrischen Arbeitsgestaltung geschult sein. Die Qualität einer Mensch-Arbeitsmittel-Schnittstelle ist damit einerseits von der Qualifikation und Erfahrung des Methodenanwenders, andererseits von der Methode selbst abhängig.

Gewährleistet eine Methode eine anschauliche und leicht nachvollziehbare Mensch-Arbeitsmittel-Interaktion, können die Gestaltungsdefizite und Anfordeungen leichter durch den Methodenanwender erkannt werden. Die Qualität der Beurteilung wird damit besser. Durch den Einsatz eines realen Menschen ist dies bei der CADVS in hohem Maße gegeben. Die Beurteilungsqualität durch den Methodenanwender wird gerade dadurch noch erhöht. So teilt der Proband dem Methodenanwender subjektiv empfundene Zwangshaltungen, ungünstige Bewegungsabläufe, Muskelbeanspruchungen,etc., die von der Gestaltung des Arbeitsmittels hervorgerufen werden können, während der Anwendung der CADVS mit. Über die Verwendung von ergonomischen Checklisten und Anforderungslisten der anthropometrischen Arbeitsgestaltung können Fehler in der Beurteilung weiter verringert werden /2/.

Zusammenfasssend ist festzustellen, daß Fehler in der Beurteilung weitgehend methodenunabhängig sind. Dennoch läßt die CADVS durch den Einsatz eines realen Menschen eine höhere Beurteilungsqualität erwarten als andere Methoden.

1.4.6   Gesamtfehler

Die aus der Simulation der Mensch-Arbeitsmittel-Interaktion und deren Beurteilung
durch den Methodenanwender hervorgerufenen Fehler sind weitgehend methodenunabhängig und entziehen sich in der Regel einer Quantifizierung. Der quantifizierbare Gesamtfehler F_{rG} der CADVS läßt sich über die Addition der Einzelfehler aus Gleichung (4)
bestimmen. Bei einem Fehler des technischen Systems $F_{rT} = 1 - 2\%$, einem Fehler aus
der Bewegungsraum-/Objekttiefe $F_{rO} = 2 - 3\%$ und einem vom Probanden hervorgerufenen Fehler $F_{rP} = 1 - 3\%$ ergibt sich ein maximaler Gesamtfehler $F_{rG} = 4 - 8\%$. Die maximale Fehlerspanne ist abhängig von der Art der zu analysierenden oder zu gestaltenden
Mensch-Arbeitsmittel-Schnittstelle. Diese Fehlerspanne von F_{rG} entsteht dann, wenn alle
Einzelfehler mit dem gleichen Vorzeichen behaftet sind. In der Praxis ist mit unterschiedlichen Vorzeichen der Einzelfehler zu rechnen, so daß sich geringe Gesamtfehler ergeben können.

Unter Zugrundelegung der berechneten maximalen Fehlerspanne von $F_{rG} = 4 - 8\%$ wirkt
sich dies beispielsweise auf die Reichweite nach vorn des 5. Perzentils weiblich (vgl.
Bild 10) - die üblicherweise zur Dimensionierung des Greifraums herangezogen wird -
wie folgt aus: Bei einem maximalen Gesamtfehler von $F_{rG} = 4\%$ beträgt die Abweichung
24,6 mm; bei $F_{rG} = 8\%$ beträgt die Abweichung 49,3 mm.

Obwohl in der Literatur keine Grenzwerte für maximal zulässige Fehler bei der Simulation einer Mensch-Arbeitsmittel-Schnittstelle angegeben werden, ist davon auszugehen,
daß die errechneten maximalen Fehler bei der Anwendung der CADVS als tolerierbar
angesehen werden können. Dabei ist zu berücksichtigen, daß diese maximalen Fehler
in sehr seltenen Anwendungsfällen der CADVS auftreten.

2   Bewertung und Vergleich der CAD-Video-Somatographie mit ausgewählten Methoden

Basierend auf einer Klassifikation bestehender Methoden zur anthropometrischen Arbeitsplatzgestaltung (vgl. /2/) wurden nachfolgende Methoden als typische Vertreter unterschiedlicher Methodengruppen ausgewählt und mit der CAD-Video-Somatographie
verglichen:

o die konventionelle Video-Somatographie,

o die Körpermaßtabelle nach DIN 33 402,

o die Körperumrißschablone nach DIN 33 416,

o die Kieler Puppe,

o das Menschmodell FRANKY und

o das Menschmodell OSCAR.

Die ausgewählten Methoden können den Konstruktionsprozeß bis zur Stufe der Ausarbeitung bei allen Fragestellungen der anthropometrischen Arbeitsgestaltung unterstützen. Die ersten 4 der ausgewählten Methoden können sowohl auf konventionell erstellte Skizzen und Konstruktionszeichnungen angewandt werden als auch auf Ausdrucke von Konstruktionsskizzen und -zeichnungen, die auf CAD-Systemen erstellt wurden. Dagegen sind die Menschmodelle FRANKY und OSCAR nur bei der Erstellung von Skizzen und Zeichnungen auf Rechnern anwendbar.

2.1 Beschreibung der Bewertungsmethodik

Für den analytisch-wertenden Vergleich der ausgewählten Methoden werden deren Nutzen und Kosten unter Berücksichtigung alternativer Anwendungszielsetzungen und -häufigkeiten ermittelt.

Zur Bewertung des Nutzens wird das Verfahren der Nutzwertanalyse eingesetzt. Dieses Verfahren wurde gewählt, da es auf eine umfangreiche verbale Beschreibung verzichtet und besonders geeignet ist, eine Vielzahl von unterschiedlichen qualitativen und quantitativen Bewertungskriterien in ein standardisiertes Bewertungsverfahren einzubinden. Darüber hinaus erlaubt die Nutzwertanalyse den einzelnen Bewertungskriterien durch Gewichtung unterschiedliche Bedeutung beizumessen. Damit wird es möglich, unterschiedliche Zielsetzungen der Methodenanwender zu berücksichtigen. Die Erstellung der Nutzwertanalyse erfolgte in Anlehnung an Zangemeister /3/. Hierzu wurde ein hierarchisches Zielsystem für die ausgewählten Methoden aufgestellt. Die Beurteilung der Erfüllungsgrade der Zielkriterien einzelner Methoden erfolgte im Expertenrating. Es wurden insgesamt vier Nutzwertanalysen durchgerechnet, die sich in der Gewichtung der Zielkriterien unterscheiden. Über die Multiplikation der Erfüllungsgrade mit den Gewichtungsfaktoren der Zielkriterien und der anschließenden Summation über alle Zielkriterien errechnet sich eine dimensionslose Vergleichszahl, die als Nutzwert der jeweiligen Methode bezeichnet wird.

Zur Quantifizierung der Kosten wurden in Anlehnung an die Maschinenstundensatzrechnung (vgl. /4/) aus fixen und variablen Kosten sowohl die absoluten Kosten einer Methode pro Jahr, als auch die Kosten pro Anwendung ermittelt.

In der Gegenüberstellung von Nutzwert und Kosten in einem sogenannten Methoden-
wert kann die für den Anwendungsfall geeignetste Methode mittels des Entscheidungs-
kriteriums "niedrige Kosten bei einem hohen Nutzwert" ausgewählt werden. Eine aus-
führliche Beschreibung der Bewertung kann /2/ entnommen werden.

2.1.1   Nutzwertanalyse

Für den nutzwertanalytischen Vergleich der Methoden wurde ein hierarchisches Zielsystem (vgl. Bild 11) gebildet. Damit stehen 41 Zielkriterien zur Beurteilung der Methoden zur Verfügung.

Zur Bestimmung der Erfüllungsgrade der einzelnen Zielkriterien wurden Bewertungsschlüssel mit einer fünfstufigen Punkteskala festgelegt. Ein Zielkriterium erhielt 0 Punkte,
wenn es keinen Erfüllungsgrad aufwies. Die Beschreibung der Bewertungsschlüssel
und der Zielkriterien findet man in /2/.

Aufgrund der aufgabenabhängigen Eignung der hier betrachteten Methoden erscheint
es notwendig, entsprechend der Aufgabenstellung, unterschiedliche Gewichtungen der
Zielkriterien vorzunehmen. Die festgelegten Gewichtungen für vier Anwendungsfälle
spiegeln dabei die abweichenden Zielsetzungen beim Einsatz der Methoden wider. Die
nachfolgenden vier alternativen Anwendungsfälle wurden ausgewählt und hierzu die
Gewichtungen festgelegt:

Anwendungsfall 1:   <u>Hohe Präzision und geringer Zeitbedarf</u>
Anwendungen der Methode bei Aufgabenstellung mit hohen Anforderungen an die Präzision der Abbildung der Struktur- und Funktionsmaße des Menschen <u>und</u> geringem Zeitbedarf für die Analyse
und Gestaltung von Arbeitsmitteln (z.B. in Ingenieurplanungsbüros,
Entwicklungs- und Konstruktionsabteilungen von Großbetrieben,
bei denen häufig Aufgaben zur anthropometrischen Arbeitsgestaltung zügig und mit hoher Qualität bearbeitet werden müssen).

Anwendungsfall 2:   <u>Hohe Präzision</u>
Anwendungen der Methode bei Aufgabenstellungen mit besonders
hohen Anforderungen an die Präzision der Abbildung der Struktur-
und Funktionsmaße des Menschen für die Analyse und Gestaltung
von Arbeitsmitteln (z.B. in wissenschaftlichen Instituten, bei denen
i.d.R. die Genauigkeit von größerer Bedeutung ist als andere Zielkriterien wie beispielsweise der Zeitbedarf).

Anwendungsfall 3:   <u>Geringer Zeitbedarf</u>
Anwendungen der Methode bei Aufgabenstellungen mit besonders hohen Anforderungen an einen geringen Zeitbedarf für die Analyse und Gestaltung von Arbeitsmitteln (z.B. in Ingenieurplanungsbüros, Entwicklungs- und Konstruktionsabteilungen von Betrieben, die in-. nerhalb der Konzeptionsphase verschiedene Konzepte unter den Gesichtspunkten der anthropometrischen Arbeitsgestaltung rasch beurteilen wollen).

Anwendungsfall 4:   <u>Geringe Einarbeitungszeit</u>
Anwendungen der Methode bei Aufgabenstellungen mit besonders hohen Anforderungen an eine geringe Einarbeitungszeit zum Beherrschen der Methode (z.B. in kleineren Unternehmen, bei denen nur selten Aufgaben zur anthropometrischen Arbeitsgestaltung bearbeitet werden müssen und daher die Methode auch nach längerer Nichtnutzungszeit rasch beherrscht werden muß).

Damit ergeben sich vier Nutzwertanalysen, die im Sinne einer Sensitivitätsbetrachtung wesentliche Aufschlüsse hinsichtlich der Eignung der Methoden für einen bestimmten Anwendungsbereich erwarten lassen.

In Bild 11 ist das hierarchische Zielsystem mit auf Prozentwerte umgerechneten Gewichtsfaktoren der einzelnen Zielkriterien für den Anwendungsfall 1 dargestellt. Die Gewichtungssfaktoren wurden im Expertenkreis abgestimmt. Nach Pahl und Beitz /5, 6/ repräsentiert die erste Zahl jeder Reihe den prozentualen Bezugswert des Zielkriteriums für die direkt folgende untergeordnete Ebene. Jede folgende Zahl ergibt den prozentualen Anteil des Zielkriteriums an der jeweils nächsten übergeordneten Ebene an. Die Struktur der Gewichtungsfaktoren für die Anwendungsfälle 2 bis 4 ist in /2/ dargestellt.

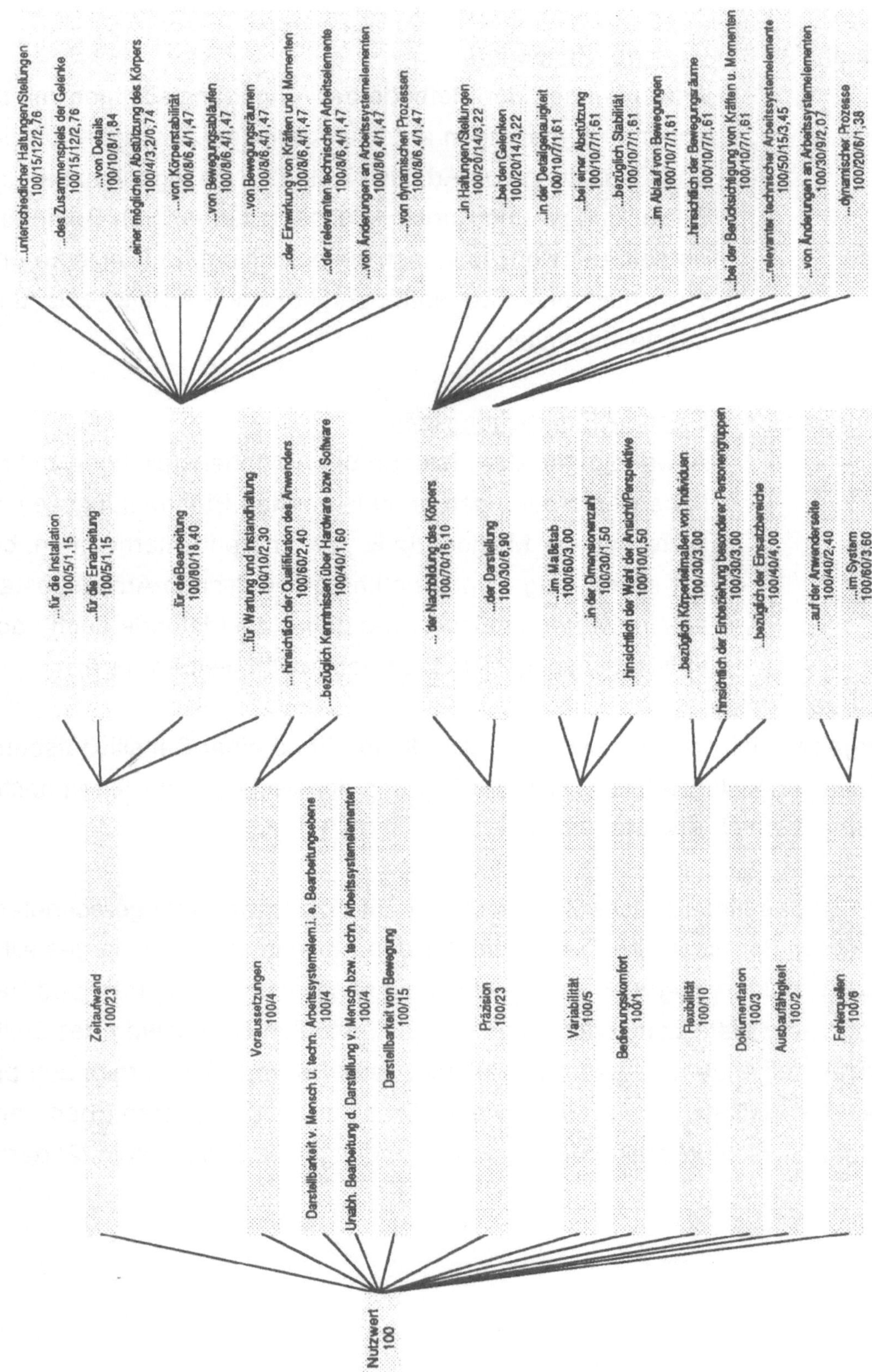

Bild 11: Prozentuale Aufteilung der Gewichtungsfaktoren der Zielkriterien im hierarchischen Zielsystem für den Anwendungsfall 1 (hohe Präzision und geringer Zeitbedarf)

2.1.2 Kosten der Methoden

Die von einer Methode zur anthropometrischen Arbeitsgestaltung verursachten Kosten können in fixe (ggf. sprungfixe) und variable Kosten unterteilt werden. Die fixen Kosten umfassen alle mit der Beschaffung, der Installation, der Instandhaltung etc. verbundenen Kosten. Sie sind nur insofern abhängig von der Zahl der Anwendungen, als bei größeren Anwendunghäufigkeiten pro Jahr die Bearbeitungskapazität einer Methode erschöpft sein kann und eine weitere Methode eingesetzt werden muß. Dadurch entstehen sprungfixe Kosten.

In Abhängigkeit von der Anwendungshäufigkeit und Nutzungszeit der Methode werden die variablen Kosten bestimmt. Von besonderem Einfluß auf die Höhe der variablen Kosten ist die Nutzungszeit einer Methode, bis das gewünschte Gestaltungsergebnis erreicht ist. Die Nutzungszeit wird stark beeinflußt von der Komplexität der Konstruktionsaufgabe. Um vergleichbare Ergebnisse zu erhalten, wurde eine räumliche Konstruktionsaufgabe mittlerer Komplexität zugrunde gelegt (vgl. /2/).

Bei der Bewertung der errechneten Kosten ist zu berücksichtigen, daß andere als die hier vorgegebene Konstruktionsaufgabe zu anderen Kosten bei der Anwendung einer Methode führen werden. Daher ist für den Methodenvergleich weniger die absolute Höhe der Kosten von Bedeutung, sondern vielmehr die Rangfolge der Kosten einzelner Methoden.

Die von einer Methode zur anthropometrischen Arbeitsgestaltung verursachten jährlichen Gesamtkosten K werden nach Gleichung (8) und (9) berechnet:

$$K = x_k (K_A + K_Z + K_R + K_I + K_S) + x_a \cdot t_a (K_L + K_E + K_V) \text{ in DM/a} \qquad (8)$$

dabei gilt für

$$x_k = \begin{cases} 1 \text{ für} & 0 < q < 1 \\ 2 \text{ für} & 1 < q < 2 \\ \vdots & \\ \vdots & \\ m \text{ für} & m - 1 < q < m \end{cases} \quad \text{bei } q = x_a \cdot t_a / t_v \qquad (9)$$

Der Quotient des Methodenbedarfs q gibt für eine vorgegebene Anwendungshäufigkeit x_a die Anzahl der hierfür benötigten Methoden an. Da nur ganzzahlige Methoden eingesetzt werden können, wird über x_k die Anzahl der benötigten Methoden berechnet. Werden die Gesamtkosten K pro Jahr durch die Zahl der Anwendungen x_a einer Methode dividiert, so ergeben sich die Kosten pro Anwendung K_a aus Gleichung (10).

$$K_a = K / x_a \qquad\qquad (10)$$

Die Beschreibung der einzelnen Kostenarten aus Gleichung (8) sowie die für die Bestimmung der Kapazitätsauslastung einer Methode notwendigen Größen aus Gleichung (9) können /2/ entnommen werden. Hier wird sich ausschließlich auf die Benennung der Größen beschränkt:

K_A: Abschreibungskosten in DM / Jahr

K_Z: Kalkulatorische Zinsen in DM / Jahr

K_R: Raumkosten in DM / Jahr

K_I: Kosten für Instandhaltung und Wartung in DM / Jahr

K_S: Schulungskosten in DM / Jahr

K_L: Lohn- und Gehaltskosten in DM / Stunde

K_E: Energiekosten in DM / Stunde

K_V: Variable Zusatzkosten in DM / Stunde

x_k: Anzahl benötigter Methoden

x_a: Häufigkeit der Anwendungen einer Methode / Jahr

t_a: Anwendungszeit einer Methode in Stunden

t_v: Verfügbarkeit einer Methode in Stunden / Jahr

2.2 Ergebnisse

Für den Vergleich der CAD-Video-Somatographie mit den ausgewählten Methoden können der Nutzwert und die Kosten pro Anwendung herangezogen werden. In Bild 12 ist dieser Vergleich für den Anwendungsfall 1 (vgl. Kapitel 2.1.1) bei 3 unterschiedlichen Anwendungshäufigkeiten pro Jahr dargestellt. Dabei wird deutlich, daß die Methoden mit hohem Fixkostenanteil - hierzu zählen neben der Video-Somatographie alle rechnerunterstützten Methoden - erst ab ca. 30 Anwendungen pro Jahr wirtschaftlich arbeiten. Im Sinne einer erweiterten Betrachtung der Wirtschaftlichkeit wird jedoch deutlich, daß gerade diese Methoden auch die höchsten Nutzwerte aufweisen. In Bild 13 sind ergänzend die Nutzwerte in Abhängigkeit der in Kapitel 2.1.1 beschriebenen Anwendungsfälle dargestellt. Dabei wird deutlich, daß die fixkostenintensiven Methoden bei geringer Anwendungshäufigkeit pro Jahr aufgrund der notwendigen Einarbeitungszeit (Anwendungsfall 4) die niedrigsten Nutzwerte im Vergleich aller Anwendungsfälle erreichen.

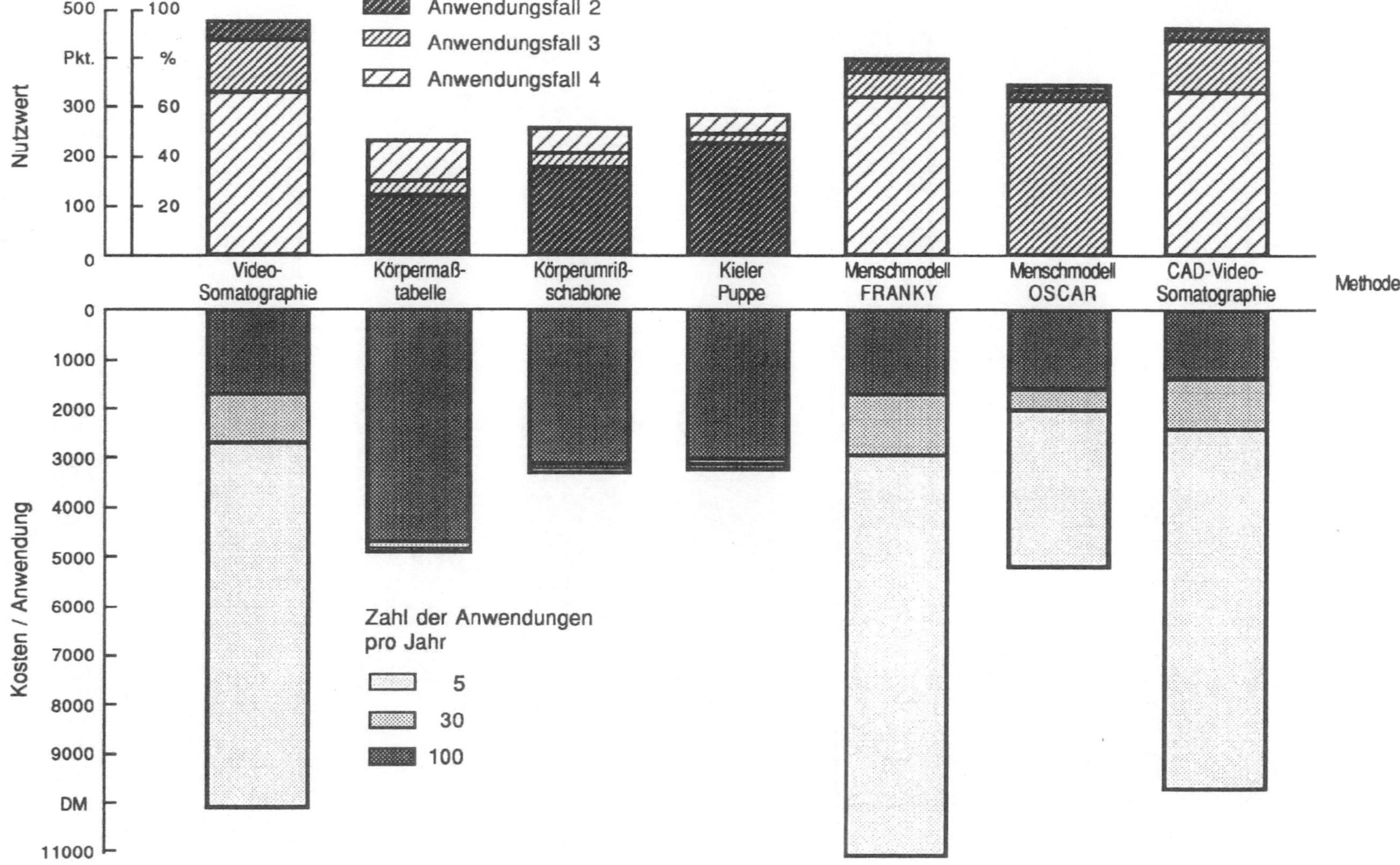

Bild 12: Methodenvergleich für den Anwendungsfall 1 bei unterschiedlichen Anwendungshäufigkeiten

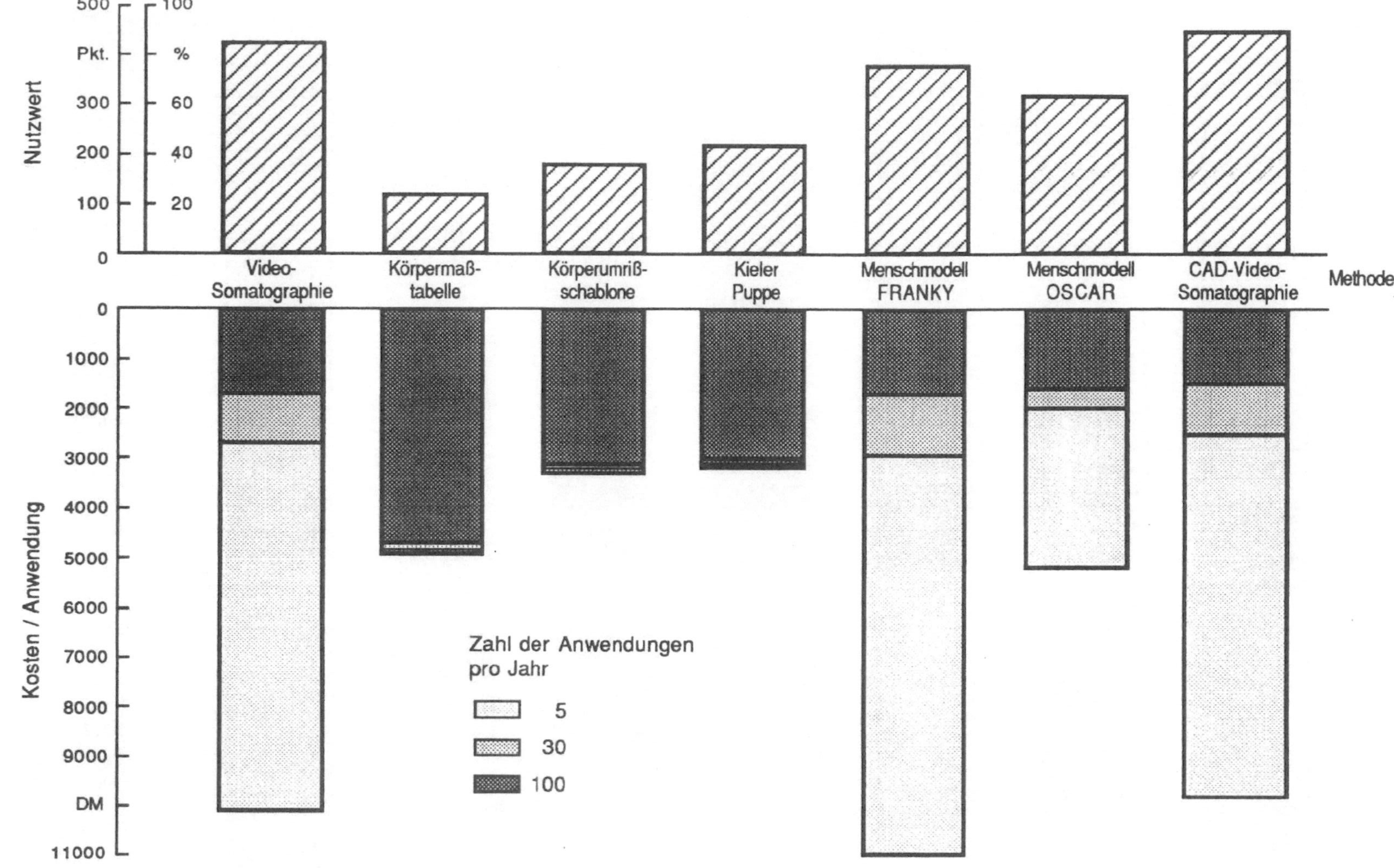

Bild 13:   Methodenvergleich der Anwendungsfälle 2 bis 4 bei unterschiedlichen Anwendungshäufigkeiten

3   Zusammenfassung und Ausblick

Menschengerechte Arbeitsbedingungen und -mittel zu schaffen, ist eines der vornehmsten Ziele bei der Planung und Gestaltung von Arbeitssystemen. Damit sollen gesundheitliche Beeinträchtigungen der arbeitenden Menschen vermieden sowie wichtige Beiträge zur Erhaltung der Leistungsfähigkeit, Erhöhung der Leistungsbereitschaft und Motivation geleistet werden. Die Effektivität des Arbeitssystems soll gesteigert werden. Die geforderte Umsetzung arbeitswissenschaftlicher und insbesondere ergonomischer Erkenntnisse in der betrieblichen Praxis kann jedoch nicht losgelöst von den damit in Verbindung stehenden Kosten betrachtet werden. Diese zusätzlich anfallenden Kosten, die während des Entwicklungs- und Konstruktionsprozesses entstehen, stellen bei der anthropometrischen Arbeitsgestaltung einen wichtigen Faktor dar. Er ist mitbestimmend für die betriebliche Akzeptanz ergonomischer Gestaltungsansätze.

Unter Berücksichtigung der dualen Zielsetzung, menschengerechte und zugleich wirtschaftliche Arbeitsmittel zu gestalten, kommt der konzeptiven ergonomischen Vorgehensweise die größte Bedeutung zu. Bei dieser Vorgehensweise werden in einem frühen Stadium der Entwicklung und Konstruktion von Arbeitsmitteln die Anforderungen des Menschen berücksichtigt und in der Gestaltung umgesetzt. Für die anthropometrische Gestaltung der Mensch-Arbeitsmittel-Schnittstelle werden wirksame Methoden benötigt, die zugleich eine hohe ergonomische Qualität der Schnittstelle erwarten lassen und nur geringe Zusatzkosten verursachen.

Die CAD-Video-Somatographie bietet sowohl die geforderte hohe Qualität bei unterschiedlichsten Gestaltungsaufgaben als auch eine wirtschaftliche Anwendung bei ausreichend hoher Anwendungshäufigkeit.

Wie der Vergleich verschiedener Methoden zeigt, bieten generell alle rechnerunterstützten Methoden zu anthropometrischen Arbeitsplatzgestaltung hohe Nutzwerte. Sofern die Hard- und Softwarekosten sich weiter rückläufig entwickeln und insbesondere die Qualität der Nachbildung des Menschen bei den Modellen weiter verbessert wird, dürfte eine rasche Verbreitung dieser Methode in der Praxis zu erwarten sein.

Literatur

/1/   Haslegrave, C. M.:   Characterizing the anthropometric extremes of the population.
In: Ergonomics 29 (1986) 2, S. 281 - 301.

/2/   Lorenz, D.:   CAD-Video-Somatographie; Entwicklung und Bewertung
einer Methode zur anthropometrischen Arbeitsgestaltung.
Berlin: Springer,1989.

/3/   Zangemeister, C.:   Nutzwertanalyse in der Systemtechnik. -München:
Wittemansche Buchhandlung, 1976.

/4/   Warnecke, H. J.;
Bullinger, H.-J.;
Hichert, R.:   Kostenrechnung für Ingenieure. -München; Wien:
Hanser, 1981.

/5/   Pahl, G.;
Beitz, W.:   Bewertungsmethoden als Entscheidungshilfe zur Auswahl
von Lösungsvarianten. -In: Konstruktion 24 (1972)
S. 493 - 498.

/6/   Pahl, G.;
Beitz, G.:   Bewertungsmethoden als Entscheidungshilfe zur Auswahl
von Lösungsvarianten (Fortsetzung) -In:
Konstruktion 25 (1973) S. 29 - 32.

IAO-Forum
Rechnerunterstützte Arbeitsplatzgestaltung

Video-Somatographie – Anwendungserfahrungen in einem Großunternehmen

H. J. Waller

VIDEOSOMATOGRAPHIE
ANWENDUNGSERFAHRUNGEN IN EINEM GROSSUNTERNEHMEN

Die technischen Planungsaufgaben für eine Automobilfertigung
umfassen auch die Planung und Gestaltung von Arbeitsplätzen und
Arbeitsstationen in Produktion und Bürobereich und weisen in ihrer Grundstruktur viele Gemeinsamkeiten mit den Aufgaben
stellungen in den Betrieben anderer Branchen auf. Beispielsweise
werden die Entscheidungen über die Detaillierung und Vorgabe der
Arbeitsmethoden oder über den Grad der Automatisierung an den
Arbeitsplätzen oft stärker durch die vorgegebene Seriengröße beeinflußt, als durch das herzustellende Produkt. Menschen
gerechte Arbeitsgestaltung bedeutet in diesem Zusammenhang Arbeitsbedingungen zu schaffen, die von den Mitarbeitern langfri-
stig akzeptiert werden können.

Die Veränderungen des Automobilmarktes, die zu weltweit sich
verschiebenden Angebots- und Nachfragestrukturen führen, haben
immer stärkere Auswirkungen auf die Arbeit des Planers und des
Arbeitsgestalters. Der verstärkte Konkurrenzdruck zwingt u. a. zu
einer erhöhten Typen- und Variantenvielfalt und in der Folge zu
häufigen Umstellungen und Anpassungen der Arbeitssysteme und Arbeitsplätze in der Produktion, aufgrund sich ändernder Randbedingungen. Wenn Anfang der 70er Jahre noch von einer Verdopplung
der Typen- und Variantenvielfalt innerhalb von 10 Jahren auszugehen war, hat sich dieser Zeitraum zwischenzeitlich halbiert und
wird sich in der Zukunft noch weiter verkürzen.

Um den genannten Veränderungen bestmöglich Rechnung tragen zu
können, gilt es, neben flexibel automatisierten Teilsystemen,
insbesondere für manuelle Bereiche, im Rahmen der Arbeitsplatzgestaltung Lösungen zu entwickeln, die eine flexible Reaktion auf
die von außen gestellten Anforderungen ermöglichen, bei gleichzeitig kostenoptimaler Arbeitsausführung durch die Mitarbeiter.
Der maßlichen und methodischen optimierten Gestaltung der Arbeitsplätze muß in diesem Zusammenhang besonderes Augenmerk zu-
kommen.

Im Rahmen der Arbeitsmethodengestaltung legt der Arbeitsplaner
z. B.

- den Montage- oder Fertigungsablauf,

- die Arbeitsplatzausrüstungselemente
  (z. B. Vorrichtung, Werkzeuge, Teilebehälter) sowie
- die Anordnung dieser Arbeitsplatzausrüstungselemente zueinander

fest.

Er bestimmt damit im wesentlichen, welche Arbeitsbewegungen
von dem am Arbeitsplatz tätigen Mitarbeiter zur Ausführung
einer Aufgabe notwendig sind und nimmt Einfluß sowohl auf
die Belastung des Mitarbeiters, als auch auf den zur Arbeitsausführung notwendigen Zeitaufwand. Hieraus resultiert
das Ziel der Arbeitsmethodengestaltung, den zur Arbeitsausführung erforderlichen Bewegungsablauf so festzulegen, daß
sich ein minimaler Zeitaufwand, ein hoher Wirkungsgrad und
eine möglichst geringe Belastung des Mitarbeiters, bei
gleichzeitig hoher Arbeitsqualität ergibt.

Für die Dimensionierung und Einrichtung der Arbeitsplätze,
Maschinen und Vorrichtungen bilden die menschlichen Körpermaße die Grundlage, um natürliche Körperhaltungen und ange-
paßte Bewegungsabläufe für alle in Frage kommenden Benut-
zergruppen zu gewährleisten.

Verfahren und Hilfsmittel zur ergonomischen Arbeitsplatzgestaltung

Bei den ständigen Bemühungen zur ergonomischen und wirtschaftlichen Gestaltung von Arbeitsplätzen, Maschinen und Anlagen hilft der Einsatz entsprechender Analyse- und Gestaltungsinstrumente bereits im Planungsstadium, negative Auswirkungen auf Arbeit und Gesundheit zu vermeiden.

Konstrukteure und Arbeitsgestalter bedienen sich heute, insbesondere bei der maßlichen und bewegungstechnischen Auslegung von Gestaltungslösungen, dem Einsatz von Körperumrißschablonen für die menschlichen Gestalt im Maßstab 1 : 10, dem Einsatz von Körperschablonen im Maßstab 1 : 1 und zahlreichen Tabellen, Vorschriften und Richtlinien für Körper- und Arbeitsplatzmaße. Bei komplexen Sachverhalten werden in Einzelfällen auch Demonstrationsmodell im Maßstab 1 : 1 erstellt, um Optimierungen unter Berücksichtigung der tatsächlichen Bedingungen vornehmen zu können.

Ein erfolgversprechendes, aber bislang in der Praxis noch nicht weit verbreitetes Instrumentarium stellt die Videosomatographie dar, die es erlaubt, bereits auf Basis einfacher Skizzen eine realitätsnahe Optimierung und Bewertung von Gestaltungslösungen im Vorfeld der Planung vorzunehmen.

Bevor wir im weiteren Verlauf näher auf das Verfahren der Videosomatographie eingehen, einige Bemerkungen zu den bislang üblicherweise eingesetzten Gestaltungshilfen.

Körperumrißschablonen werden bei Konstrukteuren und Planern hauptsächlich dazu verwendet, Gestaltungslösungen unter anthropometrischen Gesichtspunkten zu bewerten und zu optimieren, in dem ein vereinfachtes "Skelett der menschlichen Gestalt" in eine vorliegende Darstellung als Umriß eingezeichnet wird. Sie stellen bis heute ein sehr gutes und kostengünstiges Hilfsmittel dar, einfachere Gestaltungslösungen statisch zu überprüfen.

Sollen komplexere Sachverhalte betrachtet werden, ist ein hoher Zeitaufwand für die exakte Projektion der jeweils erforderlichen Vorder-, Seiten- oder Draufsicht der entsprechenden Person in die jeweilige technische Zeichnung erforderlich. Dies gilt im besonderen für die geometrische Verkürzung von Gliedmaßen, abhängig von der jeweiligen Betrachtungsebne. Auch muß bei der Anwendung der Umrißschablonen insgesamt von vereinfachten Gelenkmechanismen ausgegangen werden, wenn die Handhabbarkeit der Schablonen gewährleistet bleiben soll. Als Beispiel sei nur darauf verwiesen, daß allein zur exakten Abbildung des Hand-/Arm-Systems 27 Gelenke berücksichtigt werden müßten.

Ein weiteres Instrument, das in unserem Haus vorwiegend zur Innenraumgestaltung von Fahrzeugen eingesetzt wird, ist die Darstellung der menschlichen Gestalt in Form einer Körperschablone im Maßstab 1 : 1 (Bild 1). Mit diesem Hilfsmittel ist es möglich, z. B. Sitzpositionen oder Greifwege zu Instrumenten im jeweiligen Seitenschnitt des Fahrzeuges darzustellen und zu optimieren. Analog den bereits aufgezeigten Körperumrißschablonen ist auch bei diesem Hilfsmittel nur eine statische Betrachtung der jeweiligen Situation möglich. Die Gelenkmechanismen beschränken sich hier auf wenige "Hauptdrehpunkte".

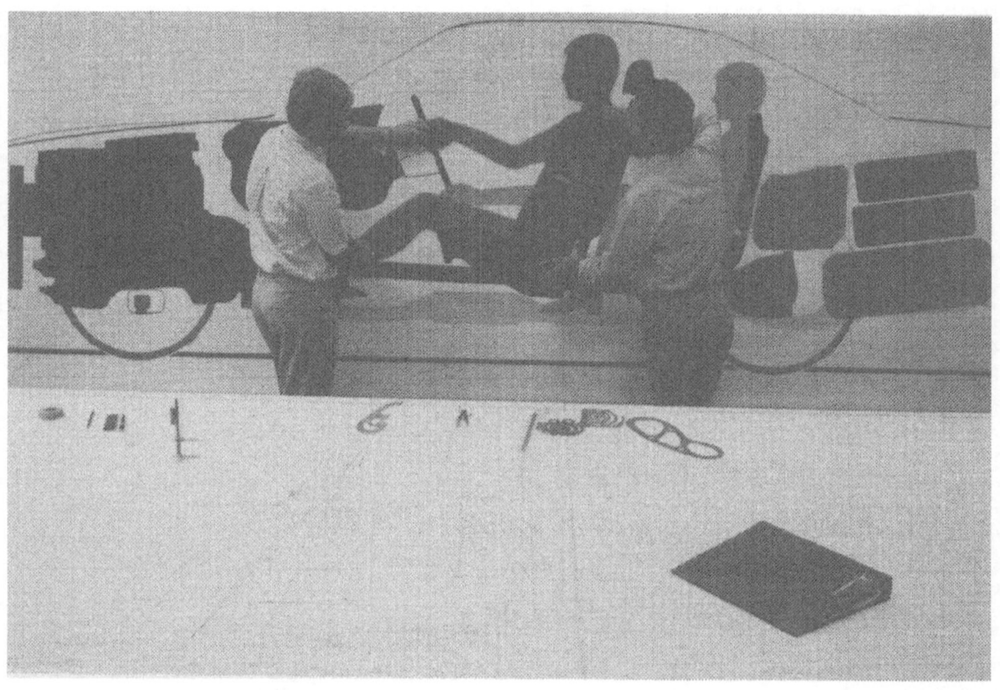

Einsatz der Körperumrißschablonen im Maßstab 1:1
bei der Fahrgastraumgestaltung

Dynamische Bewegungsabläufe konnten bislang nur in einem
Demonstrationsmodell der geplanten Gestaltungslösung im
Maßstab 1 : 1 überprüft werden, was in aller Regel zeitauf-
wendig und teuer ist. Ggf. erforderliche Veränderungen am
Modell im Verlauf der Untersuchungen kosten erneut Zeit und
Geld. Deshalb werden in der Regel nur Demonstrationsmodelle
z. B. für Arbeitsplätze üblicherweise in Styropor, Holz oder
Pappe aufgebaut, wenn herkömmliche Verfahren und Hilfsmittel
nicht zu dem gewünschten Erfolg führen, um an realitätsnahen
Objekten die jeweiligen Untersuchungen durchführen zu kön-
nen.

Das Verfahren der Videosomatographie

Mit Unterstützung des Fraunhofer-Instituts für Arbeitswirtschaft und Organisation, wurde bei Mercedes-Benz 1987 als
Kernstück des Zentralen Ergonomielabors eine Videosomatographie-Anlage eingerichtet. Dieses neue Verfahren, das bereits im Planungsstadium auf der Basis einfacher Skizzen
erlaubt, Gestaltungsumfänge zu optimieren, beruht auf dem
Prinzip der Mischung oder Überblendung von Bildern, einer zu
beurteilenden Gestaltungslösung mit einer menschlichen Versuchsperson, zu einer maßstäblichen Gesamtdarstellung auf
einem Bildschirm (Bild 2).

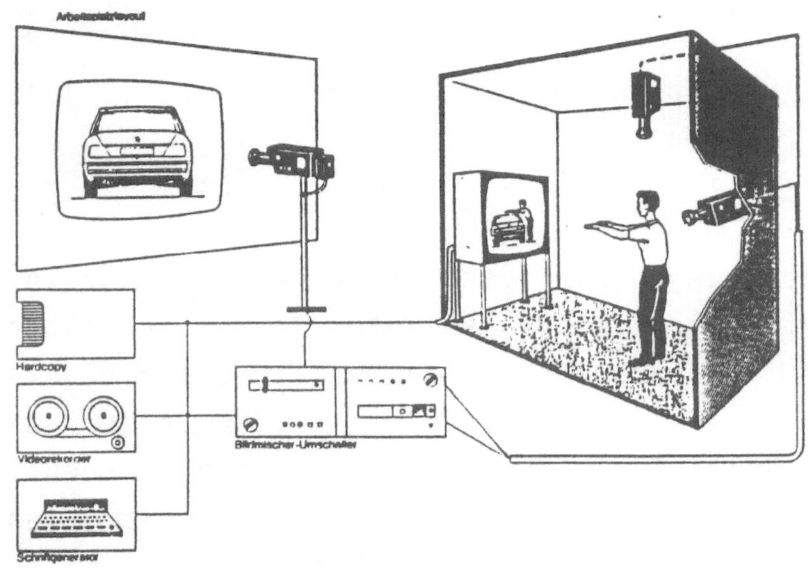

Prinzipielle Gerätekonfiguration zur Videosomatographie

Zur Durchführung der Analysen sind lediglich eine Zeichnung
oder Handskizze im Maßstab 1 : 2 bis etwa 1 : 20, der geplanten Maschinen, Anlage bzw. des Arbeitsplatzes in Vor-
der-, Seiten- oder Draufsicht sowie einer Versuchsperson,
die den vorgesehenen Arbeitsablauf simuliert, notwendig.

Der Untersuchungsraum zur Durchführung videosomatographi-
scher Analysen ist in einen Regie- und Analysebereich getrennt. In der vorliegenden Konfiguration stehen 3 Kameras
zur Anwendung bereit. Eine Kamera (im Regiebereich) dient
zur Aufnahme der Gestaltungslösung. Zwei weitere Kameras (im
Analysebereich) dienen dazu, die Versuchsperson sowohl in
einer Seiten- als auch in der Draufsicht aufzunehmen. Die
Zeichnungen der Gestaltungslösung können in jedem beliebigen
Maßstab mittels Vario-Objektive angepaßt werden. Ebenfalls
mittels Vario-Objektiven wird die Körpergröße der Versuchsperson an den Maßstab der Zeichnung angepaßt.

Im Rahmen der Analysen simuliert die Versuchsperson den
vorgesehenen Arbeitsablauf. Der im Blickfeld der Versuchsperson aufgestellte Monitor ermöglicht es, die zur Arbeitsausführung notwendigen Bewegungsabläufe an dem fiktiven Arbeitsplatz auszuführen und zu kontrollieren.

An einem weiteren Kontrollmonitor kann der Versuchsleiter
den Bewegungsablauf analysieren und mit dem anwesenden Planer bzw. Konstrukteur diskutieren. Problemlösungen werden
gemeinsam besprochen und die vorhandene Zeichnung ggf. vor
Ort abgeändert, um sofort einen weiteren Versuch zu fahren.

Gerade diese einfache und schnelle Veränderung und die Bewertung unterschiedlicher Arbeitsplatzauslegungen bietet die
Grundlage, typenflexible Arbeitsplätze mit geringem Planungsaufwand und hohem Detaillierungsgrad zu erstellen.

Die Videosomatographie erlaubt, einzelne Situationen der
Analyse mit einem Hardcopygerät festzuhalten und als Hard-
copy auszudrucken. Die gesamte Analyse wird auf einem
Videoband aufgezeichnet und läßt sich für den Arbeitsgestalter oder Konstrukteur zu einem kurzen Film zusammen-
schneiden. Somit haben alle Anwender die Möglichkeit, Un-
tersuchungsergebnisse auch noch zu einem späteren Zeitpunkt
nachzuvollziehen.

Anwendungserfahrungen mit der Videosomatographie

Seit der Installation der Videosomatographie-Anlage wurden
im Zentralen Ergonomielager der Mercedes-Benz AG weit über
150 Analysen aus den unterschiedlichsten Produktions- und
Bürobereichen mit großem Erfolg durchgeführt. Auf einige
ausgewählte Beispiele möchte ich im folgenden etwas näher
eingehen.

Die erste Anwendung bezieht sich auf die Beurteilung einer
Kernschießmaschine und dort insbesondere auf das Einlegen
von Heftklammern in die Form. Zum Zeitpunkt der Untersuchung
befand sich die Maschine im Angebotsstadium, d. h. an Hardware war bis zu diesem Zeitpunkt noch nichts realisiert.

Als Ergebnis der Untersuchungen konnte nachgewiesen werden,
daß die "kleine Person" 5. Perzentil) nur sehr schlecht und
in ergonomisch ungünstiger Körperhaltung die hinteren Ein-
legestellen erreicht (Bild 3).

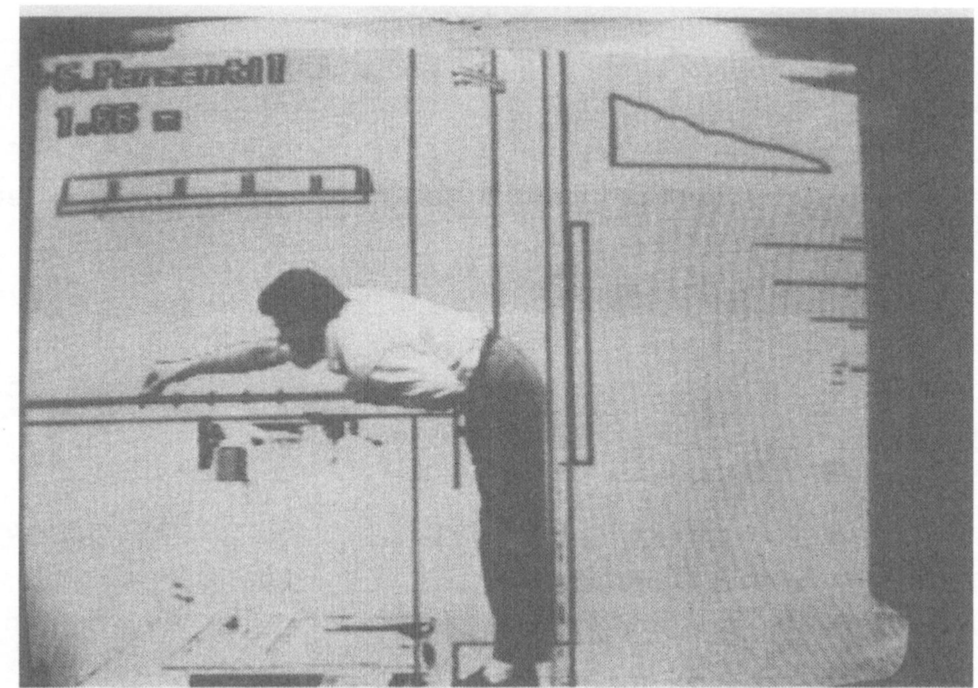

Einlegen von Heftklammern in eine Kernschießmaschine
(Seitenansicht 5. Perzentil)

Die "große Person" (95. Perzentil) kann beim Einlegen mit
dem Kopf an das Oberteil der Vorrichtung anstoßen (Bild 4).

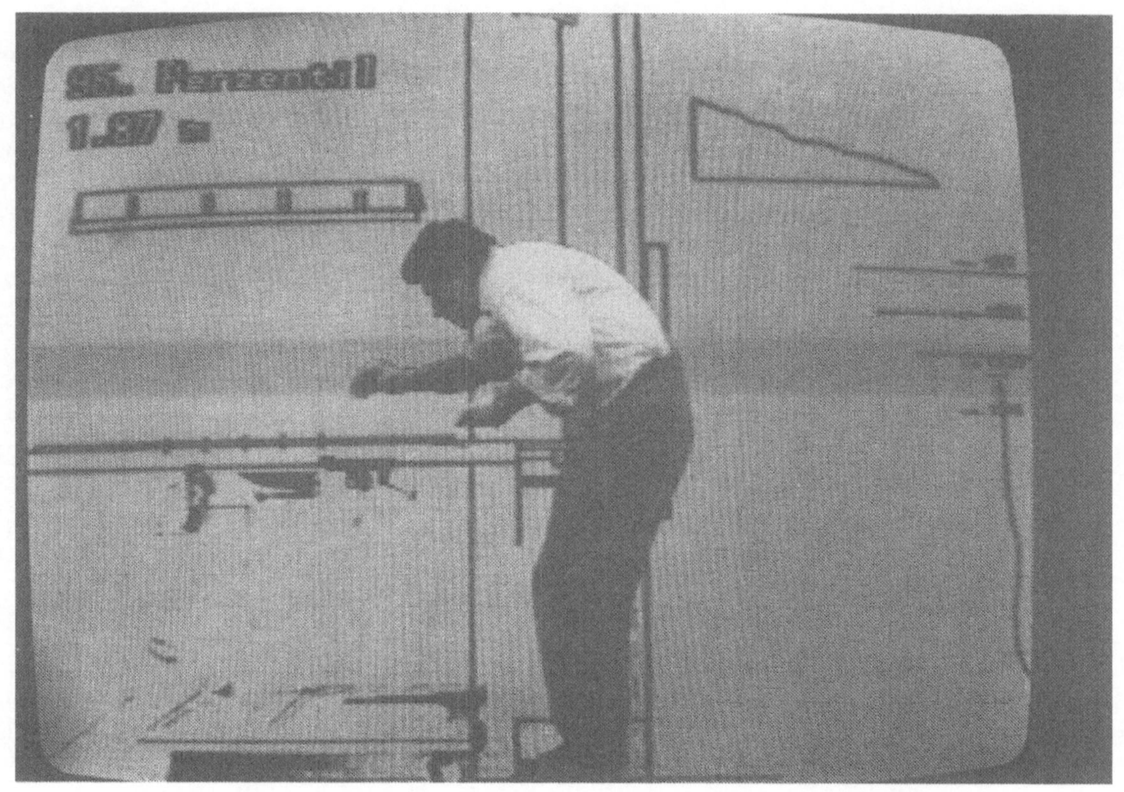

Einlegen von Heftklammern in einer Kernschießmaschine
(Seitenansicht 95. Perzentil)

In der Praxis wäre ein solcher Arbeitsplatz ohne kostenintensive nachträgliche Anpassungen nicht einsetzbar. Der Einlegebereich wird aufgrund der durchgeführten Analysen von der Herstellerfirma konstruktiv umgestaltet.

Für die gesamten Analysen war ein Zeitaufwand von etwa 4 bis 5 Stunden erforderliche, wobei die Analysendurchführung von 2 Mitarbeitern vorgenommen wurde.

Bei der folgenden Anwendung möchte ich versuchen, am Beispiel einer "Frontdrehmaschine" die beiden Hilfsmittel Körperumrißschablone und Videosomatographie einander gegenüberzustellen. Aufgabe für den Mitarbeiter ist es, bei diesem Beispiel Wandlergehäuse mit einem Gewicht von ca. 3 Kp in die Maschine einzugeben, das Gehäuse mit einem Fußschalter zu spannen und den Bearbeitungsvorgang mit Zweihandschaltung auszulösen. Am ersten Seitenriß, der aufwendig mit Hilfe der Körperumrißschablonen dargestellt wurde, zeigen sich Schwachstellen hinsichtlich fehlendem Knieraum, fehlendem Beinraum und schlechtem Sehverhalten (Bild 5).

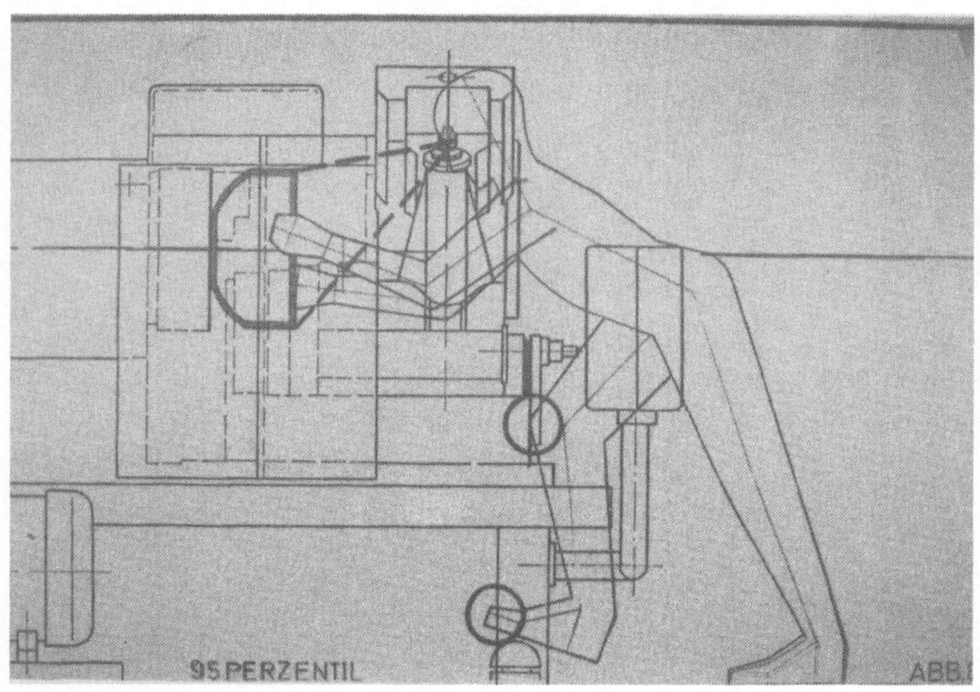

Anwendung der Körperumrißschablone - Frontdrehmaschine Seitenansicht

Gleiche Untersuchungen wurden mit Hilfe der Videosomatographie durchgeführt (Bild 6). Neben der Seitenansicht
läßt sich hier mit Hilfe der Deckenkamera gleichzeitig eine
Draufsicht der Arbeitssituation erstellen. Die dynamische
Dokumentation erlaubt außerdem eine bessere Beurteilung der
Gesamtsituation. Darüber hinaus ist der gesamt Analysen-
aufwand mit Hilfe der Videosomatographie wesentlich
geringer, als bei Einsatz der Körperumrißschablonen, wenn
davon auszugehen ist, daß mehrere Darstellungen zur
Gesamtbeurteilung der Arbeitsplatzsituation mit Hilfe der
Schablonen erforderlich werden.

Einsatz der Videosomatographie - Frontdrehmaschine
Seitenansicht

Soweit ein kurzer Einblick in die mit Hilfe der Videosomatographie durchgeführten Analysen. Die Bandbreite für den Einsatz der Videosomatographie erstreckt sich von der Beurteilung von Maschinenangeboten, über die Optimierung von Vorrichtungen, bis zur Gestaltung von Büroarbeitsplätzen, um nur wenige Beispiele zu nennen.

Vorteile der Videosomatographie

Die in der Zwischenzeit mit Hilfe der Videosomatographie durchgeführten Analysen zeigen deutliche Vorteile gegenüber herkömmlichen Verfahren und Hilfsmitteln.

Durch die direkte Einbeziehung des Menschen in die Analysen entfällt die bei anderen Verfahren übliche Modellbildung der menschlichen Gestalt mit Hilfe vereinfachter Schablonen vollständig. Der gesamte, für die Simulation des Bewegungsablaufs erforderliche Gelenkmechanismus, entspricht der Realität. Auch lassen sich im Rahmen der Arbeitsablaufsimulation konkrete Bauteile, Vorrichtungen und Werkzeuge in die Analysen mit einbeziehen. Ein solches Vorgehen trägt wesentlich zu einer wirklichkeitsnahen Betrachtung bereits im Planungsstadium bei.

Weitere Vorteile der Videosomatographie sind in der Möglichkeit zu sehen, verschiedene Körpergrößen durch Verwendung von Zoom-Objektiven auf einfache Weise zu simulieren. Die Anpassung der jeweiligen Arbeitssituation an Individuen, z. B. bei Behinderung, läßt sich problemlos und ohne teurere Modelle verwirklichen.

Die aufgezeigten Parameter zeigen deutlich die Vorteile der Videosomatographie gegenüber herkömmlichen Verfahren. An dieser Stelle gilt es jedoch unseres Erachtens auch, auf einige Schwachpunkte hinzuweisen. Zum einen sei darauf verwiesen, daß aufgrund der erforderlichen Investitionen für die Technik, die sich heute auf etwa 300 000 DM belaufen, in der Regel keine parallelen Anlagen an unterschiedlichen Werksstandorten wirtschaftlich rechnen lassen. Zur Durchführung entsprechender Analysen bedeutet diese in der Regel einen zusätzlichen Aufwand der beteiligten Konstrukteure oder Planer für die Anreise. Ein weiterer Nachteil zeigt sich darin, daß für die Untersuchung 2 Personen erforderlich sind. Eine Person im Regiebereich zur Koordination der Analysen und eine Person im Analysenbereich zur Simulation der entsprechenden Abläufe.

Trotz der genannten Schwachpunkte hat sich das Verfahren der Videosomatographie bei der Mercedes-Benz AG in der täglichen Praxis bereits in zahlreichen Anwendungen aus unterschiedlichen Produktions- und Bürobereichen bestens bewährt. Die hohe Effektivität beim Einsatz der Videosomatographie trägt dazu bei, die Zeiträume für die Überprüfung bzw. Gestaltung von Maschinen, Anlagen und Arbeitsplätzen zu minimieren. Die rechtzeitige Anwendung der Videosomatographie hilft darüber hinaus, nachträgliche Änderungen zu vermeiden und trägt dazu bei, Kosten zu optimieren.

Ausblick

Für die weitere Zukunft ist in der Überlegung, die Videosomatographie direkt mit den in der Konstruktion eingesetzten CAD-Systemen zu koppeln. Weitere Ansätze ergeben sich in der integrierten Betrachtung rechnerunterstützter Arbeitsplatzlayoutoptimierungsprogramme mit der Videosomatographie. Erste erfolgversprechende Problemlösungen werden vom Fraunhofer-Institut für Arbeitswirtschaft und Organisation bereits untersucht.

IAO-Forum
Rechnerunterstützte
Arbeitsplatzgestaltung

IAOMAS – Planung und Konfiguration von manuellen Arbeitsplätzen

J. Matthes, D. Fischer

IAOMAS[1] - Ein Werkzeug zur Planung und Konfiguration von manuellen Arbeitsplätzen

Dipl.-Ing. Jürgen Matthes
Dipl.-Ing. Dietmar Fischer
Fraunhofer-Gesellschaft (IAO)
Stuttgart

Inhaltsverzeichnis

---

[1] Am Fraunhofer-Institut für Arbeitswirtschaft und Organisation (IAO) entwickeltes Software-Werkzeug zur Planung und Konfiguration von manuellen Arbeitssystemen

1   Einleitung

Ergonomisch gestaltete Montagearbeitsplätze sind die Voraussetzung für den wirtschaftlichen und humanen Einsatz der menschlichen Arbeitskraft. Schon immer waren die für die Arbeitsplatzgestaltung verantwortlichen Mitarbeiter in den Unternehmen bestrebt, auf einen wirtschaftlichen Arbeitsablauf bereits in der Planungs- und Gestaltungsphase zu achten. Es stellt sich aber hierbei die Frage, ob Gesichtspunkte bezüglich der menschengerechten Gestaltung der Arbeitsplätze in ausreichender Form berücksichtigt wurden. Denn bei der traditionellen Vorgehensweise der Arbeitsplatzgestaltung werden herkömmliche Hilfsmittel benötigt. In aufwendiger Kleinarbeit werden die zur Auslegung benötigten Fakten z. B. aus anthropometrischen Tabellen zusammengetragen und zu einem Gesamtbild - sprich Arbeitsplatz - zusammengefügt. Dies mag der Vorgehensweise bei Arbeitsplätzen entsprechen, auf denen einfache Erzeugnisse hergestellt werden. In der Praxis ist jedoch zu beobachten, daß die Komplexität und die Variantenvielfalt der Produkte ständig zunimmt. Deshalb sind neue Wege und Hilfsmittel notwendig, die den Prozeß der Arbeitsplatzgestaltung wirkungsvoll unterstützen.

In diesem Beitrag wird hierzu ein rechnergestütztes Planungswerkzeug - IAOMAS - vorgestellt, das im Rahmen eines vom Bundesministerium für Forschung und Technologie (BMFT) geförderten Projektes am Fraunhofer-Institut für Arbeitswirtschaft und Organisation entwickelt wurde. Es berücksichtigt bei der Planung und Konfiguration von manuellen Montagearbeitsplätzen wichtige Aspekte wie z.B. Ergonomieprüfung sowie Berechnung von Greifräumen und Blickfeldern.

Mit IAOMAS lassen sich Systemelemente, wie z.B. Arbeitstische und Teilebehälter, rechnerunterstützt auswählen, ergonomisch richtig auslegen und anordnen sowie graphisch am Bildschirm darstellen (Bild 1).

Das Planungswerkzeug bietet die Möglichkeit, am Rechner alternative Arbeitsplatzlösungen im Planungsstadium rasch umzusetzen und auf dem Bildschirm graphisch darzustellen. Durch den Vergleich von Arbeitsplatzvarianten erhöht sich wesentlich die Qualität der Arbeitsplatzplanung und Produktqualität. Ein weiterer Vorteil von IAOMAS liegt in der Verkürzung der Planungszeiten für die Arbeitsplatzgestaltung und somit in der Senkung der Planungskosten.

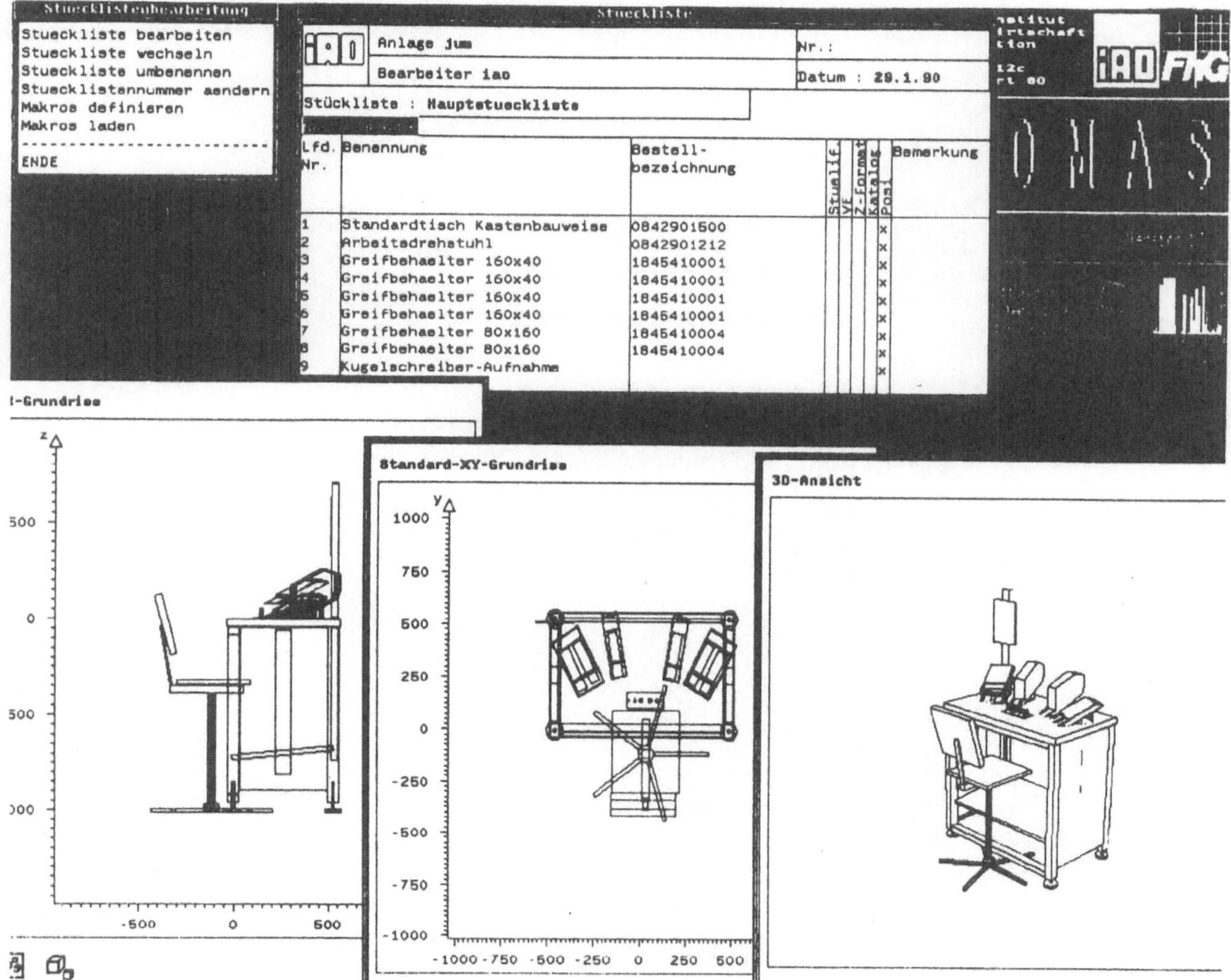

Bild 1:   Graphische Darstellung eines mit IAOMAS gestalteten Arbeitsplatzes

2   Planung und Konfiguration manueller Arbeitsplätze

2.1   Aufbau und Funktionen von IAOMAS

Das Ziel bei der Systemkonzeption war es, dem Anwender eine Vorgehensweise zu gewährleisten, die es ihm ermöglicht, den Planungsablauf an den gegebenen Erfordernissen der betrachteten Montageaufgabe auszurichten. Mit Hilfe eines Prolog-Kerns (Objekt-Manager) als Systemsteuerung (Bild 2), können einzelne Planungsfunktionen des Gesamtsystems zur Datenerzeugung angesprochen oder benötigte Daten aus Datenbanken extrahiert werden. Somit ist für die Arbeitsplatzgestaltung ein Planungsprozeß möglich, der über dynamische menügesteuerte Benutzeroberflächen am Rechner abläuft und kain starres Ablaufschema aufweist.

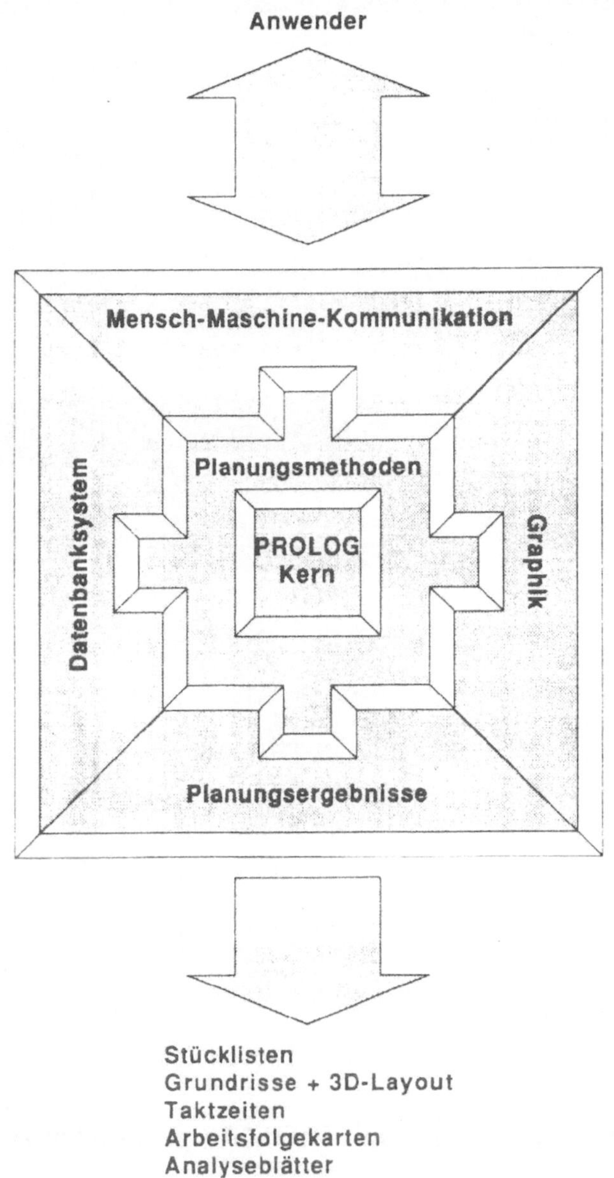

Bild 2:   Aufbau des Planungssystems IAOMAS

Bei der Erfassung von Planungsvorgaben für manuelle Montagearbeitsplätze können alle relevanten Planungsdaten erfaßt, interaktiv ergänzt und verwaltet werden. Durch die Aufteilung des Systems in verschiedene Planungsfunktionen bietet sich dem Planer die Möglichkeit,

o   alle organisatorischen Auftragsdaten getrennt einzugeben,

o   Angaben zum Umfeld des Arbeitsplatzes zu machen,

o   die Infrastruktur am Arbeitsplatz zu beschreiben,

o   die Montageaufgabe näher zu spezifizieren und

o   konkret Systemelemente auszuwählen.

Die Verwaltung aller anfallenden Daten geschieht in einem Datenbanksystem (DBS) mit Datenbankmanagementsystem (DBMS) mit unterschiedlichen strukturierten Datenbanken

(DB). Im Verlauf des Planungsprozesses werden diese Daten in verschiedenen Repräsentationsformen benötigt. Deshalb werden sie in verschiedenen Datenbanken (Bild 3) innerhalb des Planungssystems gehalten:

o   Datenbank für die Projekt- und Auftragsdaten

o   Systemelemente-Datenbank (Katalog-Datenbank)

o   Datenbank für Graphikelemente-Datenbank und Montagekomponenten.

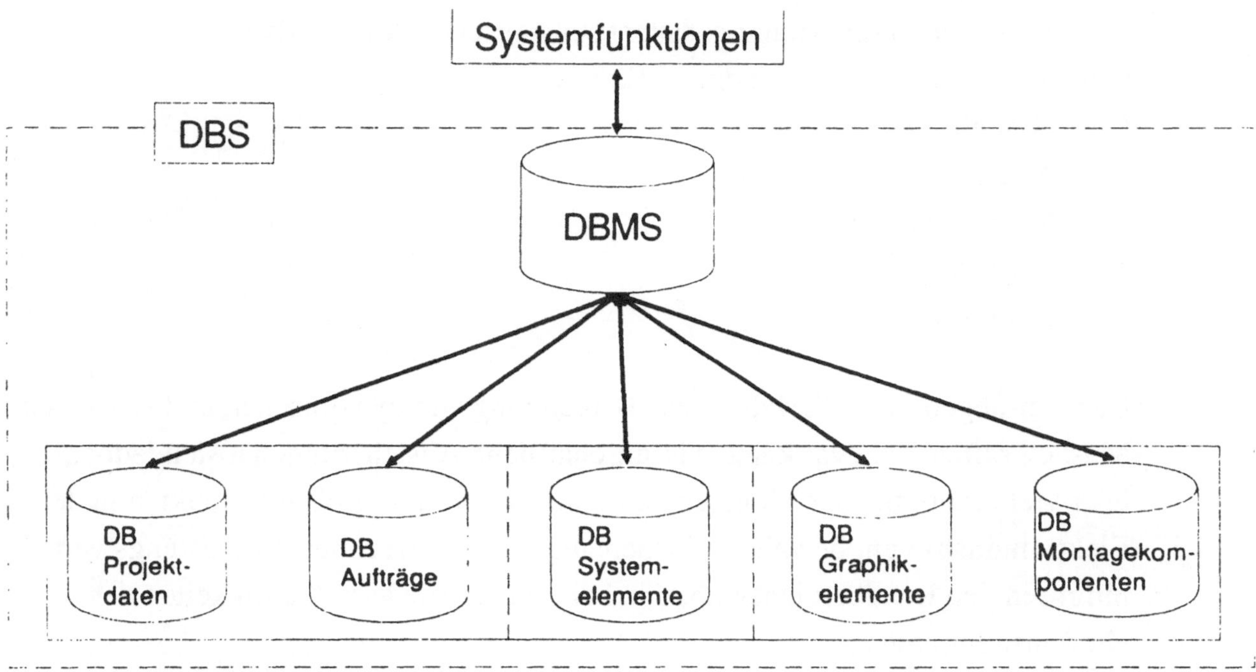

Bild 3:   Zusammenhang zwischen den eingesetzten Datenbanken

Alle Datenbanken können vom Planer nach den jeweiligen Erfordernissen erweitert und in einem definierten Umfang auch geändert werden.

Im Folgenden werden einzelne Planungsmodule näher beschrieben, die die anthropometrische Arbeitsplatzgestaltung unterstützen. Hierbei ist die räumliche Anpassung der Bestandteile des Arbeitsplatzes und der Arbeitsmittel an die menschliche Gestalt zu berücksichtigen. Abmessungen des menschlichen Körpers und die jeweilige Arbeitsaufgabe spielen dabei eine große Rolle.

o   Ergonomieprüfung

Das Planungssystem weist mehrere spezifische Ergonomiemodule auf:

-    Berechnung der Muskelbelastungen in den Hand-Finger-Muskeln in Abhängigkeit von tätigkeits- und personenbedingten Einflußgrößen nach Schultetus /1/: Gemäß der Methodik nach Schultetus werden zulässige Grenzkräfte im Arm und zulässige Grenzdrehmomente für die Hand-Finger-Muskeln sowie für die Arm-Hand-Muskeln berechnet. Dabei werden einerseits tätigkeitsbedingte Einflußgrößen wie

*   Häufigkeit der Kraftanstrengungen bei dynamischer Muskelarbeit und

*   Haltedauer (Anspannungsdauer) bei statischer Muskelarbeit

und andererseits personenbedingte Einflüsse wie

*   Geschlecht,

*   Alter,

*   Konstitution und

*   Trainiertheit

berücksichtigt.

Das hier abgebildete Verfahren zur Berechnung von dynamischen und statischen Muskelkräften hat zwar keine wissenschaftliche Absicherung, hat sich jedoch über viele Jahre bei der Montage von kleinen bis mittelgroßen Produkten in der Elektroindustrie gut bewährt. Die Genauigkeit der errechneten Belastungswerte nimmt in den Randbereichen ab, d.h. bei großen Wiederholhäufigkeiten der Kraftanstrengungen.

-    Berechnung der idealen Arbeitsplatzabmessungen bei Montagearbeitsplätzen nach Schultetus und DIN 34002: Als Arbeitshöhe wird die Höhe bezeichnet, in der sich die zu bearbeitenden Arbeitsgegenstände befinden sollen. Für die Gestaltung von Arbeitsplätzen ist die Wahl der richtigen Arbeitshöhe von großer Bedeutung, da von ihr die Arbeitshaltung und somit die Beanspruchung des Arbeitenden abhängig ist. Mit diesen Moduln erfolgt die Berechnung der idealen Höhenmaße, wie Sitz- und Tischhöhe und Höhe der Fußstütze, sowie der idealen Maße des Beinraumes einschließlich der Oberschenkelfreiheit (Bild 4). Dabei fließen Randbedingungen ein wie

*   Arbeitsart (Schultetus),

*   Arbeitshaltung (Schultetus),

*   Personenkreis (Schultetus),

*   Arbeitsplatztyp (DIN 34002) und

*   Arbeitsplatzanforderungen (DIN 34002).

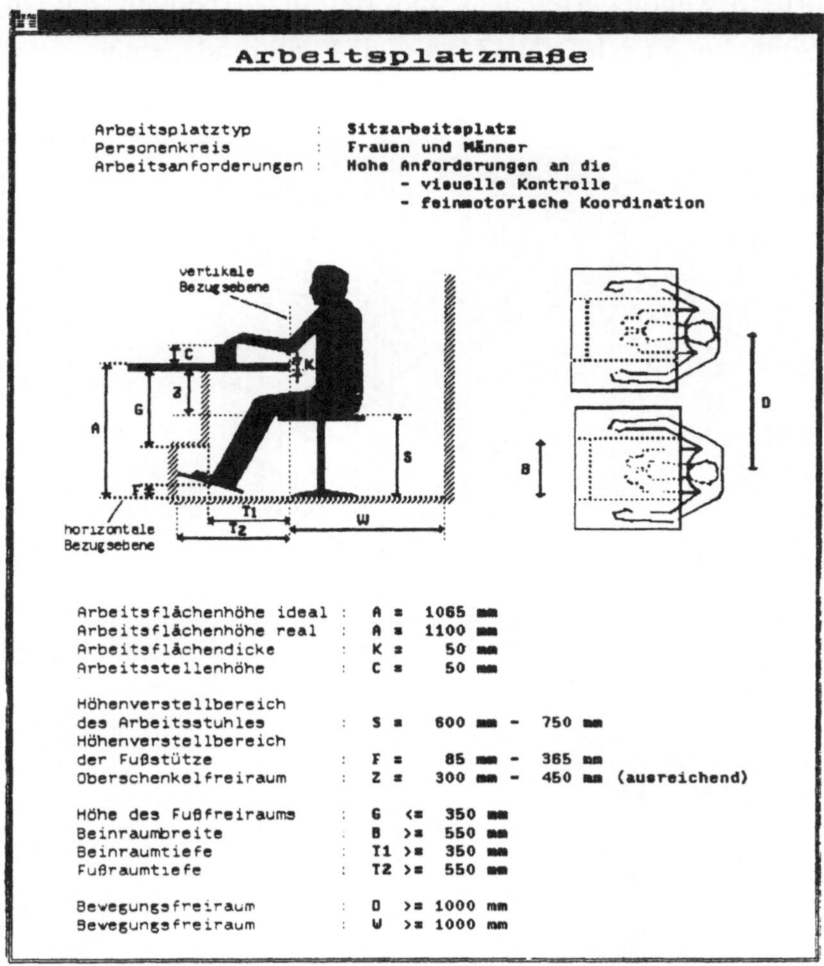

Bild 4:   Berechnung idealer Höhenmaße nach DIN 34002

o   Greifraumberechnung:

Als Greifraum eines Menschen wird derjenige Raum bezeichnet, in dem Gegenstände mit der Hand berührt (z.B. Betätigung von Druckschaltern), gegriffen und bewegt werden können. Zur Bestimmung des Greifraums wurde für das Hand-Arm-System ein dreidimensionales biomechanisches Modell entwickelt, das die notwendigen Algorithmen zur Greifraumberechnung in Abhängigkeit der Parameter

   *   Perzentil,

   *   Geschlecht,

   *   Haltung des Arbeitenden sowie

   *   Sitz- und Tischhöhe

bereitstellt.

Durch die Visualisierung des Greifraums (Bild 5) wird sichergestellt, daß schon während der Planungsphase alle Elemente, auf die zugegriffen werden muß, richtig im

Greifraum positioniert werden und somit vom arbeitenden Menschen (perzentilabhängig) ohne Körperbewegung erreichbar sind. Bei Sitz-Arbeitsplätzen wird die auf-
rechte, mittlere Sitzhaltung nach DIN 33414, Teil 1, zugrundegelegt.

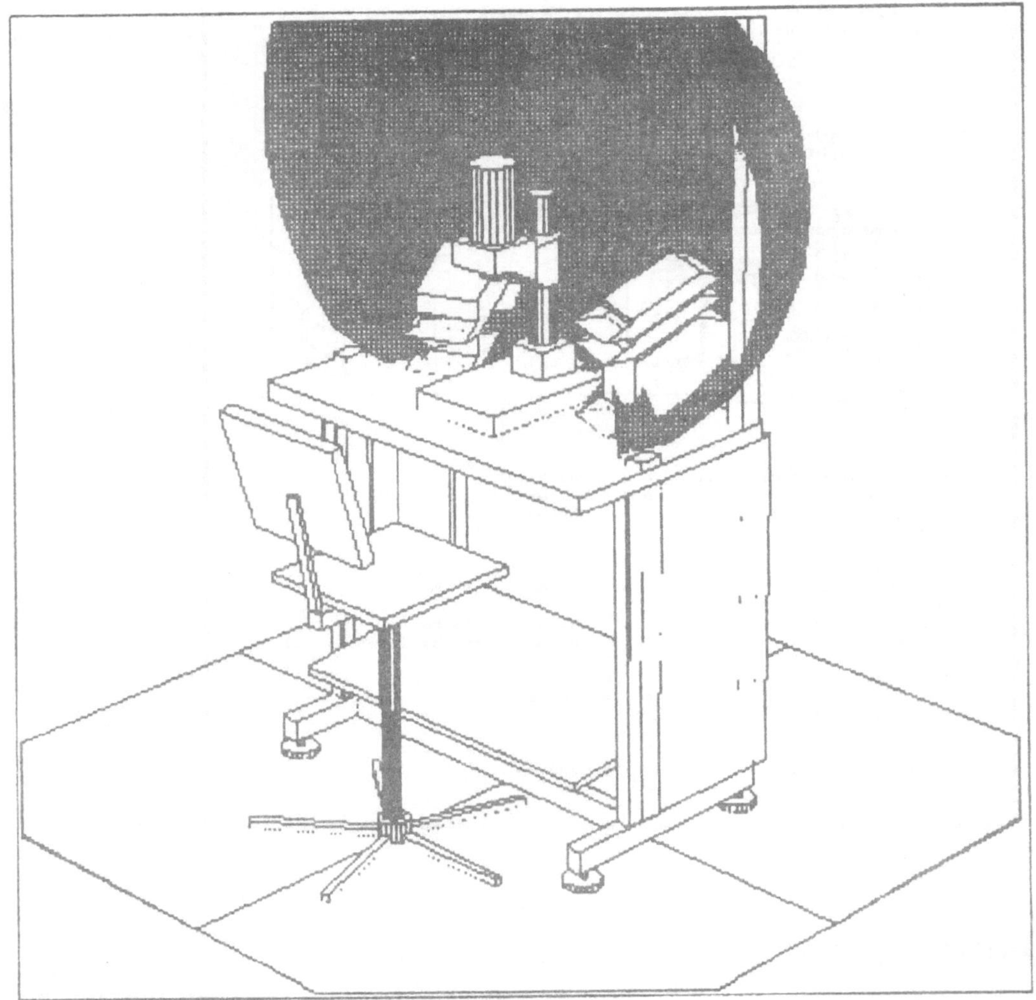

Bild 5:   Graphische Darstellung des perzentilabhängigen Greifraums eines Menschen

o   Blickfeldberechnung:
Bei nahezu allen Tätigkeiten muß der Arbeitsablauf visuell gesteuert und kontrolliert
werden. Deshalb ist es eine wichtige gestalterische Aufgabe, die Beobachtungsobjekte
so anzuordnen, daß die Sehaufgabe vom Arbeitenden ohne hohe Beanspruchung erfüllt
werden kann.

Bei der Berechnung und Darstellung des Blickfeldes wurde die DIN 33414 zugrundegelegt. Berechnet und dargestellt werden dabei das Gebrauchsblickfeld sowie das Ge-
sichtsfeld. Das Gebrauchsblickfeld wird mit kaum merklichem Bewegungsaufwand
der Augen und des Kopfes scharf gesehen.

Die beiden Blickfelder können in die Ansicht eines Arbeitsplatzes eingeblendet werden (Bild 6), so daß genau feststellbar ist, welche Systemelemente innerhalb bzw. außerhalb des gewählten Blickfeldes liegen.

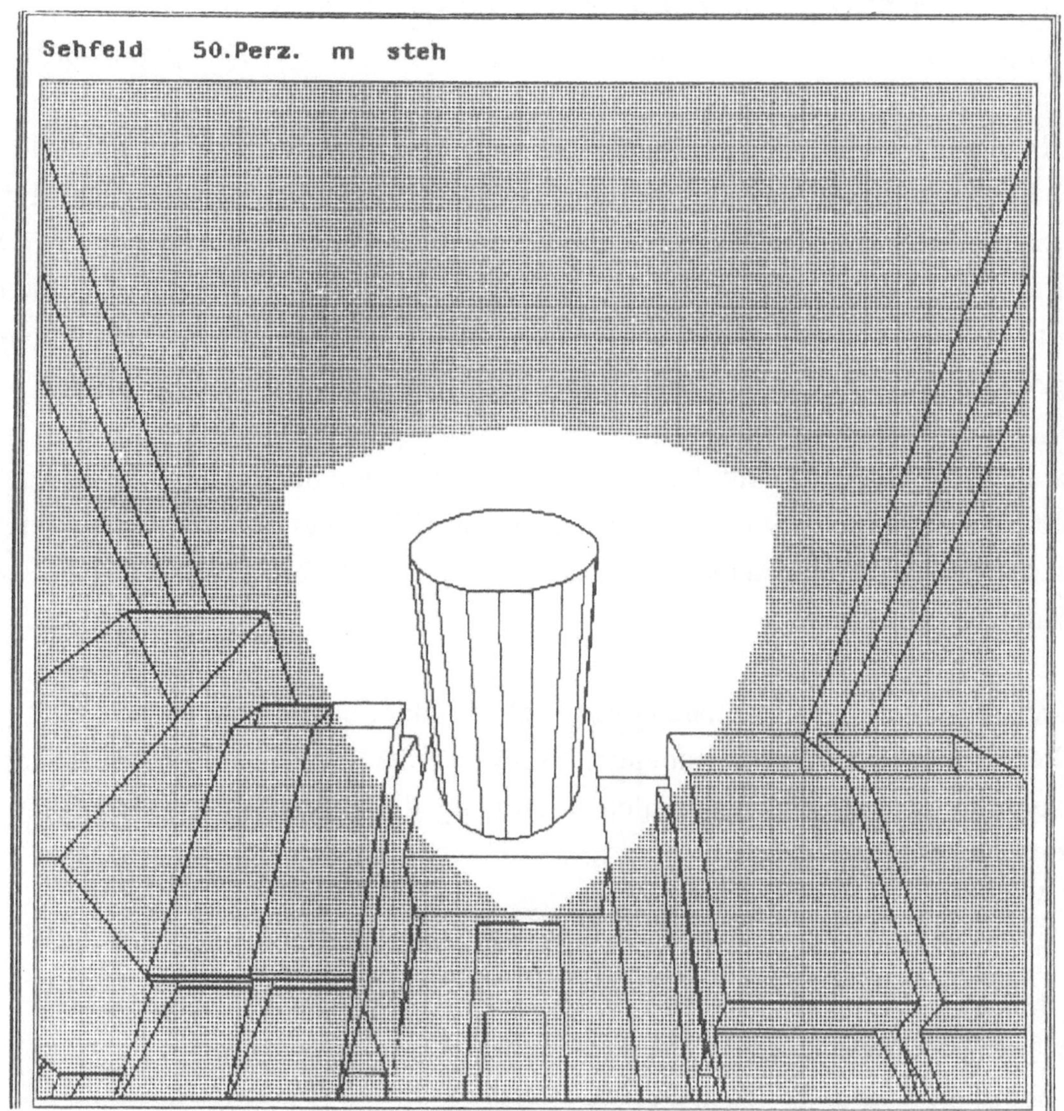

Bild 6:   Graphische Darstellung des Gebrauchsblick- und Gesichtsfeldes

Bisher werden Planungsfunktionen beschrieben, die direkt die anthropometrische Arbeitsplatzgestaltung unterstützen. Im folgenden werden zwei weitere Planungsmoduln betrachtet, die sich indirekt auf die Arbeitsplatzgestaltung auswirken, indem sie die Planungsqualität wesentlich erhöhen.

o   Objektorientierte 3D-Graphik:
     Die objektorientierte 3D-Graphikoberfläche ist ein Softwaremodul /2/, das als Dialogschnittstelle zwischen den Anwendungsprogrammen und dem Benutzer eine Reihe von Funktionen zur dreidimensionalen Bearbeitung von Konfigurationsaufgaben bereitstellt. Beim Design der Graphikoberfläche standen neben der Einheitlichkeit und der

Offenheit des Systems softwareergonomische Kriterien, wie Flexibilität, Handhabbarkeit und Benutzerfreundlichkeit im Vordergrund.
Durch die Möglichkeit, Arbeitsplätze schnell zu konfigurieren und zu visualisieren (Bild 1), kann der Anwender ohne großen Aufwand mehrere Arbeitsplatzalternativen durchplanen und daraus Erkenntnisse für die Arbeitsplatzgestaltung gewinnen.

o   Füllmengenbestimmung von Teilebehältern:
Die Bestimmung des Fassungsvermögens von Teilebehältern wurde bislang auf der Basis grober Schätzwerte, wie z.B. der Größenstufenrechnung, vorgenommen. Solche Verfahren haben jedoch den entscheidenden Nachteil, daß sie mit hohen Fehlerquoten - oft 100 % - behaftet und darüber hinaus nicht zur Bestimmung der Schüttdichte von sogenannten Wirrteilen wie Federn oder Klammern geeignet sind.

Zur Bestimmung der Schüttdichte von beliebigen kleinvolumigen Teilen wurde deshalb ein Programm entwickelt (Bild 7), das mit Hilfe einer einfachen Beschreibung der Geometrie des Montageteils, die Schüttdichte mit einer Toleranz von ca. 10% bestimmt.

Durch diese geringe Abweichung vom Sollwert der Schüttdichte lassen sich Teilebehälter nahezu optimal dimensionieren. Somit werden überdimensionierte Teilebehälter ausgeschlossen, die einer optimalen Anordnung aller Teilebehälter im Greifraum des Menschen entgegenstehen.

Montagekomponente		Teilebehälter			Bedarf pro		Teilebehälterfassungsvermögen		
NR.	Bezeichnung	Bezeichnung	Nr.	#	Montagevorgang	Nachfuellzyklus	erforderlich	tatsächlich	
1	Mine	Greifbehaelter 160x8	3	x	_________1.00	__________611	2.404	2.940	
2	Gehaeuseunterteil	Greifbehaelter 160x1	4	x	_________1.00	__________512	6.250	6.400	
3	Gehaeuseoberteil	Greifbehaelter 160x8	5	x	_________1.00	__________590	2.488	2.940	
4	Klipp	Greifbehaelter 160x4	6	x	_________1.00	__________666	0.960	1.280	
5	Klipphuelse				_________1.00	__________500	0.0	0.0	

Minimales Volumen : 0.753 Liter

Bild 7:   Bestimmung der Schüttdichte von kleinvolumigen Teilen

2.2 Interaktion mit IAOMAS

Die Akzeptanz von interaktiven EDV-Systemen hängt in starkem Maße davon ab, wie komfortabel der Dialog zwischen Anwender und System gestaltet ist. Die Dialog-/Interaktionsschnittstelle bilden Menüs der speziell für die einzelnen Moduln entwickelten und gestalteten graphischen Benutzeroberfläche.

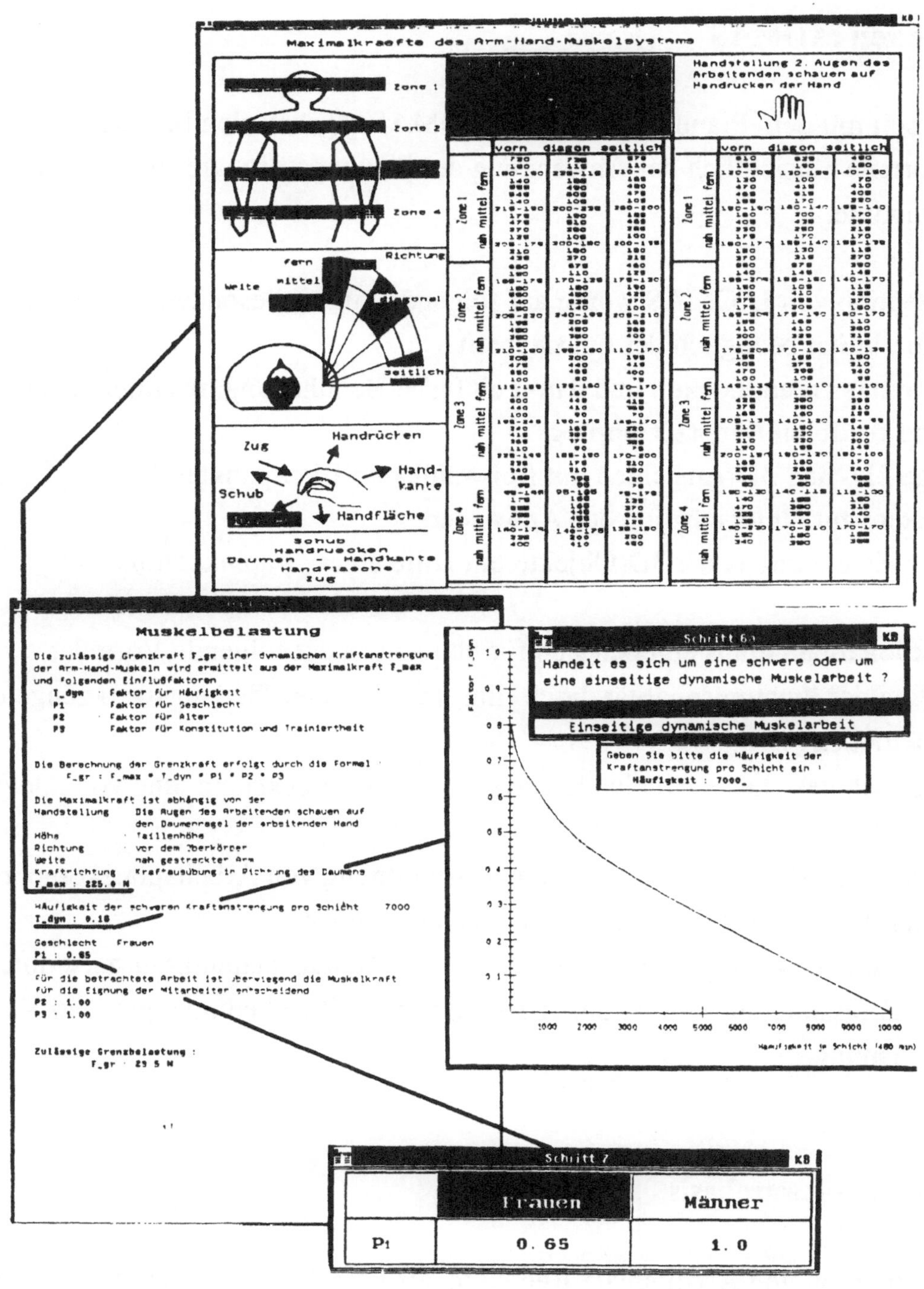

Bild 8:   Beispiel einer Interaktion zwischen Anwender und System

Die komfortable graphische Benutzeroberfläche des Planungssystems IAOMAS ist in bestimmten Teilfunktionen so ausgelegt, daß es auch von EDV-unerfahrenen Anwendern bei Bedarf bedient werden kann (Bild 8).

Die Benutzeroberfläche von IAOMAS wurde mit der am IAO entwickelten Beschreibungssprache für Benutzeroberflächen (BESBO) /3/ realisiert.

2.3 Vorteile von IAOMAS

Durch die Arbeit mit dem Planungswerkzeug IAOMAS ergeben sich für den Anwender vielfältige Vorteile hinsichtlich der Anwendung der Planungssoftware sowie der Funktionalität der Teilmodule.

Bei der Konzeption von IAOMAS wurde auf folgende Punkte besonderen Wert gelegt:
o   hohe Flexibilität bezüglich der Funktionalität
o   hohe Benutzerfreundlichkeit und damit einfache Handhabung, resultierend aus der aktiven und flexiblen Benutzerführung
o   beliebige 2D- und 3D-Ansichten mit frei wählbaren Blickpunkten
o   Hilfesystem zur Unterstützung des Anwenders
o   Einfache Erzeugung neuer 3D-Objekte mit Hilfe eines Graphikeditors.

Aus der Funktionalität heraus ergeben sich für den Anwender folgende Vorteile:
o   Steigerung der Planungsqualität durch Einsatz effizienter Planungswerkzeuge und Planungsmethoden
o   Ergonomisch gesicherte Arbeitsplatzlayouts durch Berücksichtigung von relevanten Normen, Vorschriften und Regeln
o   Optimale Auswahl, Dimensionierung und Anordnung von Arbeitsplatzkomponenten durch Zugriff auf umfassende Systemelemente-Dateien
o   Schnelle und individuelle Lösung der gesamten Montageplanungsaufgabe durch vollständige Erfassung und Einhaltung der spezifischen Randbedingungen und Vorgaben bei der Planung.

3   Hard- und Softwarebasis

Eine neue Generation von Arbeitsplatz-Rechnern, als Forschungsrechner ebenso geeignet wie zum Einsatz als integrierter Bürorechner, stand als Hardware zur Entwicklung des Planungssystems IAOMAS zur Verfügung. Für diese Rechner der Firma Digital Equipment Corporation (DEC) aus der VAX-Familie (VAXstation 3500) wurden folgende Komponenten verwendet:

o   Basis des Rechnerpaketes ist ein 32-bit-Prozessor mit Floating Point Unit. Dieser ist besonders geeignet für die schnelle Verarbeitung großer Datenmengen, wie sie beispielsweise bei Graphik-Anwendungen anfallen.

o   Die VAXstation 3500 ist ausgestattet mit

    -    Prozessor KA42-AA90 ,

    -    integriertem Graphikprozessor,

    -    16 Megabyte Hauptspeicher,

    -    Festplatte,

    -    Graphikbildschirm mit Maus,

    -    TK 50 Streamer Tape,

    -    Ethernet controller zum Anschluß an ein Local Area Network (LAN).

Die Programmierung der Ablaufsteuerung von IAOMAS erfolgte in der höheren Programmiersprache PROLOG. Diese Ablaufsteuerung verwaltet die ohne Verbindung vorliegenden Teilfunktionen und aktiviert diese bei Bedarf. Der Vorteil dieser Ablaufsteuerung liegt darin, daß der Planungsprozeß nicht nach vorgegebenem Muster abläuft, sondern sich nach den Erfordernissen der jeweiligen Aufgabe richtet. Die Teilfunktionen wurden zum größten Teil in der Programmiersprache C erstellt.

Die Systemelemente eines Arbeitsplatzes wurden in der relationalen Datenbank Oracle über eine SQL-Schnittstelle abgespeichert.

Weiter wurde folgende Software verwendet:

o   Betriebssystem Micro VMS 5.1-1,

o   VAX/VMS Texteditor TPU,

o   C Compiler VAX-C,

o   Fortran Compiler VAX-Fortran,

o   IF-Prolog,

o   VAX/VMS Linker,

o   VAX/Debugger,

o   3D-Graphikeditor IAOGRAPH,

o   Beschreibungssprache für Benutzeroberflächen BESBO.

4   Zusammenfassung und Ausblick

Die Qualität bei der Planung von manuellen Arbeitssystemen hängt in starkem Maße davon ab, inwieweit ergonomische und funktionale Gesichtspunkte bei der Auslegung solcher Arbeitssysteme berücksichtigt wurden. Gerade die Vielfalt der zu berücksichtigenden Regeln und Normen bereitet bei der konventionellen Vorgehensweise mit 2D-Schablonen und anthropometrischen Tabellen großen Aufwand. Daraus resultiert eine nur unvollständige Berücksichtigung von ergonomischen Gesichtspunkten.

Das Planungssystem IAOMAS bietet dem Planer bei der Feinplanung manueller Arbeitsplätze effiziente Unterstützung und dadurch Entlastung bei Routinetätigkeiten, es befreit ihn jedoch nicht vor der kritischen Bewertung der Daten. So liegt die letzte Entscheidung, z. B. welche Systemelemente für den Arbeitsplatz benötigt werden, in der Hand des Anwenders.

5 Literatur zum Thema

/1/ Schultetus, W.:
Montageplanung. Verlag TÜV Rheinland GmbH, Köln, 1980.

/2/ Brunn, A.; Lay, K.:
An Interactive 3D-Graphics User Interface for Engineering Design. Proceedings of the 2nd Interact Conference, North-Holland, Amsterdam, 1987.

/3/ Lay, K.; Brunn, A.:
An interactive Window Based User Interface For Engineering Design Using 3D-Graphics.
In: "Designing and Using Human-Computer Interfaces and Knowledge Based Systems, Elsview Science Publishers B. V., Amsterdam, 1989, Netherlands.

＃ **IAO-Forum**
Rechnerunterstützte Arbeitsplatzgestaltung

Man-Model-Generierung zur Arbeitsplatzgestaltung

R. Lippmann

Roland Lippmann

Man-Model-Generierung zur Arbeitsplatzgestaltung

Mit großer Wahrscheinlichkeit kann man davon ausgehen, daß bei der Arbeitsplatzanalyse und -gestaltung zukünftig nur noch rechnergestützte Methoden eingesetzt werden. Das gilt für die Problembereiche Körper- und Sichtgeometrie, für Energetik und für
die sog. "Systeme vorbestimmter Zeiten". Für sie stehen marktfähige Programme zur
Verfügung. Leider lassen sich aber nicht alle gemeinsam mit CAD-Systemen nutzen.
Durch fehlende oder mangelhafte Graphik und dem dadurch erzwungenen hohen
Abstraktionsgrad im In- und Output ist - gemeinsam mit der nur schwer nachzuweisen-
den Effizienz - die Akzeptanzschwelle für rechnergestützte Ergonomiemethoden z.Zt.
noch hoch. Gleichzeitig wissen wir aber, daß nur im permanenten Dialog zwischen Entwickler und Anwender und deren ständig anspruchsvoller werdenden Anforderungen die
Weiterentwicklung der Programme gesichert ist und auch das Entwicklungstempo von
ihnen mitbestimmt wird. Ist die Anwenderzahl jedoch klein, bleiben die rechnergestützten
Methoden im Laborstadium stecken oder gehen dem Markt bald gänzlich verloren. Welche Voraussetzungen erfüllt sein müssen, damit dies nicht geschieht, soll am Beispiel
der Ergonomie-Programme ANYBODY und ANTHROPOS erläutert werden.

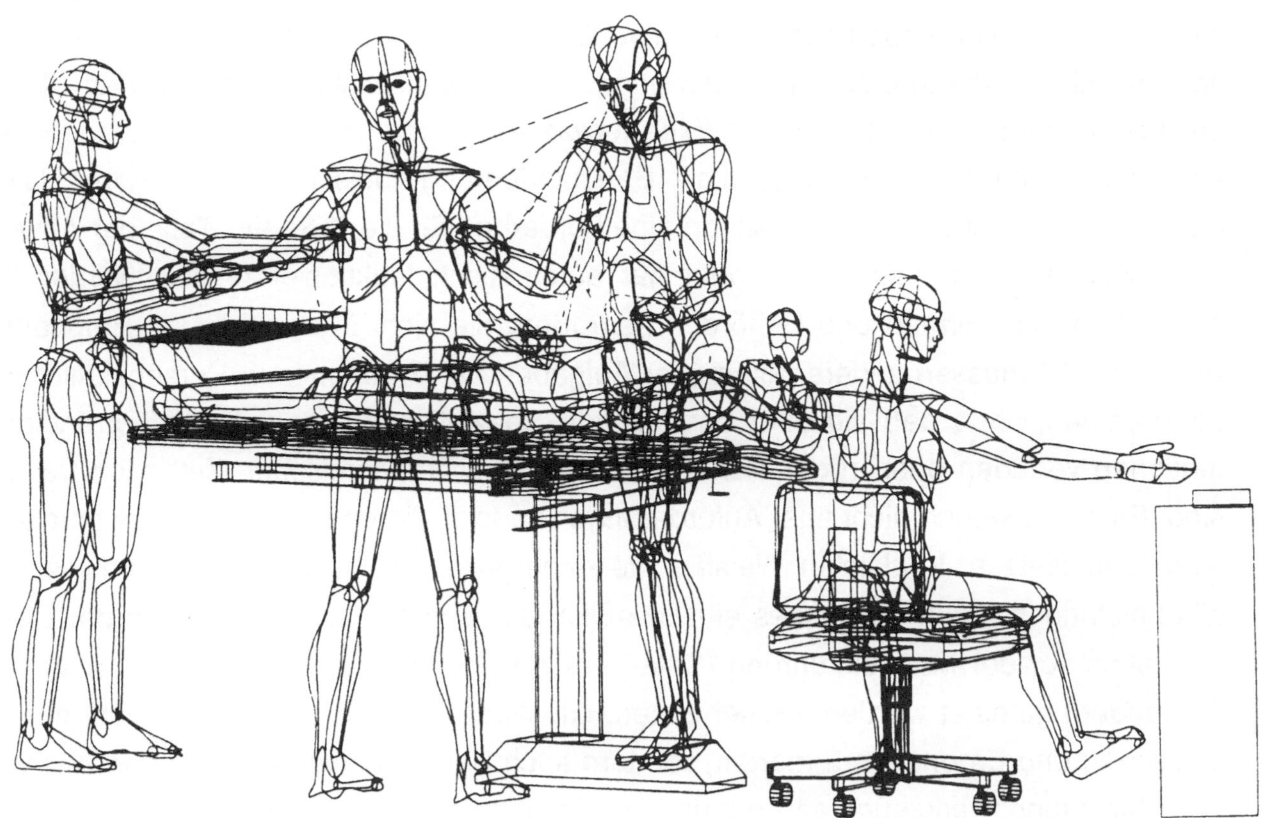

Bild 1   Arbeitsplatzanalyse Chirurgie mit ANYBODY

1. Von der Zeichenschablone zum Man-Model-System

1.1 Methodensicherheit

Auch wenn die Programmentwickler nicht ausdrücklich darauf hinweisen, haben Zeichenschablonen bei fast allen Man-Model-Systemen Pate gestanden. Zwischen ihnen gibt es auffallende Ähnlichkeiten sowohl im generellen Denkansatz wie im Detail. Das zeigt sich u.a. in der Festlegung und damit Beschränkung auf UNISEX- und männliche Modelle sowie auf wenige Perzentile (Körpergrößen), Körperteile und Gelenkpunkte. Eine beachtliche Übereinstimmung gibt es aber auch in der Qualität der Gelenke und der sich daraus ergebenden Maßinkonsistenz sowie im Fehlen von Somatotypen und Disproportionalen oder in der unzureichenden Beachtung von Bewegungsgrenzen und Abhängigkeiten beim Bewegungszusammenspiel mehrerer Körperteile innerhalb einer kinematischen Kette.

Die fehlerfreie Anwendung von Zeichenschablonen und Ergonomieprogrammen setzt beim Anwender ein hohes Maß an ergonomischen Kenntnissen und Erfahrungen voraus. Denn Fehler bleiben anfangs oft unerkannt und geben vielleicht den zweifelhaften Analyse- oder Gestaltungsergebnissen eine wissenschaftlich verbrämte Legitimation, die vor allem dann verhängnisvoll sein kann, wenn sie als ergonomische Grundlage für die in den Markt einzuführenden Produkte verwendet wird. Ergonomiewerkzeuge sollten deshalb gerade für die in dieser Disziplin ungeübten Anwender ein Höchstmaß an Methodensicherheit gewährleisten, indem Expertenwissen (Daten und ihre vielschichtigen Verknüpfungen) bereitgestellt wird, die Benutzerführung logisch aufgebaut und leicht nachvollziehbar ist und - das ist schon eine Forderung für die Zukunft - Teile der Anwendung weitgehendst mechanisch oder gar automatisch funktionieren. Das werden vor allem die vielen Firmen und Behörden begrüßen, die nicht über erfahrene Ergonomen verfügen. Oft müssen andere Mitarbeiter Aufgaben der Ergonomie in Personalunion mit übernehmen, ohne daß sie über umfassende Spezialkenntnisse und Hintergrundinformationen verfügen oder in der sicheren Anwendung ergonomischer Methoden trainiert sind. Es reicht jedoch nicht aus, Anforderungen zu formulieren und diese programmtechnisch umzusetzen. In gleicher Weise sollte sichergestellt sein, daß die Ergebnisse, d.h. alle Leistungen des Programmes einschließlich der Benutzeroberflächen und der Dokumentation vor der Markteinführung (Beta-Version) und vor jeder Folgeversion auch von Anwendern getestet werden. Dieser zusätzliche Aufwand stellt sicher, daß nicht nur die Entwickler und Ergonomie-Experten, sondern auch Betriebspraktiker die neuen Analyse- und Gestaltungswerkzeuge effizient und fachlich richtig nutzen können.

1.2 Zeichenschablonen

Als den Arbeitsplatzgestaltern vom Markt 2D-Zeichenschablonen zur Verfügung gestellt wurden, sind diese als wertvolle Bewertungs- und Planungswerkzeuge dankbar angenommen worden. Denn mit ihrer Hilfe war es möglich, innerhalb technischer Zeichnungen menschliche Figuren, die die ergonomischen Probleme oder deren Lösungen in akzeptabler Weise visualisierten, in ausreichender Qualität darzustellen. Das umständliche Suchen nach perzentilabhängigen Distanzmaßen, Reich- und Greifweiten in anthropometrischen Datenbanken konnte unterbleiben. Übliche Fehler bei der Übertragung und Umsetzung der Körpermaße in die Zeichnung wurden dadurch vermieden. Der anfänglich zu beobachtenden Akzeptanz der Schablonen in den Abteilungen Ergonomie, Design und Konstruktion folgten bald erste Anzeichen der Unzufriedenheit in Teilbereichen und schließlich mit der Methode insgesamt. Unzufrieden war man vor allem deshalb, weil räumliche Beweisführungen unmöglich waren oder nur mit großem Zeitaufwand unter gleichzeitiger Anwendung der Darstellenden Geometrie (Jenik: Somatographie) erreicht werden konnten. Die Beschränkung der Figuren auf wenige Maßstäbe, Körperhöhen und Unisex-Typen sowie die Reduzierung der Beweisführung oft nur auf die Seitenansicht, haben mit dazu beigetragen, daß sich die Zeichenschablonen nicht überall durchsetzen konnten. Dies würde sich auch nicht mehr ändern, wenn die Anwender der Schablonen ihre berechtigten Anforderungen formuliert hätten, und die Entwickler die Wünsche realisieren könnten. Die Konstruktionsmethode bzw. das Konstruktionsmedium Papier und Reißbrett wurden zu einem großen Teil von den veränderten Arbeitsbedingungen am Computer überholt und abgelöst. Damit finden - auch wenn man das bedauern mag - die Zeichenschablonen kaum noch Verwendung. Andere und effizientere Methoden müssen an ihre Stelle treten, von Anwendern geprüft und nach ihren Wünschen und Anregungen von den Entwicklern insoweit optimiert werden, daß sie sowohl dem Ergonomen wie dem ergonomischen Laien gleichermaßen nützen. Das wird aber nur dann erreicht, wenn neben dem Experten auch der ergonomisch interessierte und hochmotivierte Laie den Leistungskatalog eines Ergonomieprogrammes mit festlegt.

1.3 Man-Model-Systeme

Geht man davon aus, daß Konstruktion und Arbeitsplanung weitgehendst am Rechner erfolgen, dann sind auch rechnergestützte Werkzeuge zur ergonomischen Analyse und Gestaltung erforderlich. Und da es hierbei um die Erkennung und Darstellung menschlicher Faktoren geht, müssen diese sowohl in vergleichbaren Daten als auch graphisch in Form menschlicher Figuren modellhaft visualisiert werden.

Unter der allgemeinen Bezeichnung "Man-Model-System" sind in den letzten Jahrzehnten namentlich mehr als 100 Versuche von Mensch-Modellierungen bekannt geworden. Sie wurden nach unterschiedlichen Zielsetzungen entwickelt. Überwiegend sind es anthropometrische Modelle. Versuche, biomechanische, energetische, zeitbestimmende und zeitbewertende sowie informationstechnische Modelle bzw. solche mit gemischten Leistungen zu entwickeln, sind ebenfalls bekannt.

Leider stehen nur wenige Man-Model-Systeme einer kommerziellen Nutzung zur Verfügung. Die vom oder für das Militär entwickelten Systeme werden der Öffentlichkeit grundsätzlich vorenthalten, während die Programme der Konzerne aus Wettbewerbsgründen dem Markt verschlossen bleiben. Und die in Promotionsverfahren entwickelten Systeme nutzen dem kaufbereiten Anwender auch nur wenig, weil meist nur der Doktorand damit umgehen kann. Verläßt er die Hochschule, schläft die oft aus öffentlichen Mitteln geförderte Arbeit ein. Eine Gewährleistung für die Programmpflege ist deshalb nahezu ausgeschlossen. Somit schmilzt das Angebot auf wenige marktfähige Produkte zusammen.

Zusätzliche Einschränkungen ergeben sich durch die ausschließliche Nutzung auf bestimmten Rechnerkategorien oder gar Rechnerfabrikaten sowie ihre exclusive Anbindung an jeweils nur ein CAD-System. So ist nach unserer Information das Man-Model-System SAMMIE (Universität Nottingham) gemeinsam mit der CAD-Software MEDUSA nur auf einer Workstation von PRIME zu verwenden, während die 3D-Ergonomie-Schablone ANYBODY (IST-GmbH Gernsheim) nur mit dem CAD-Programm CADKEY auf PC (DOS) oder auf Workstation von SILICON GRAPHICS arbeiten kann. Mit allen anderen Man-Models ist es ähnlich. Das ist bedauerlich, aber leider auch nicht sehr viel besser zu lösen. Standardisierte Schnittstellen könnten vielleicht Abhilfe schaffen. Leider sind sie nicht 100-prozentig sicher.

Mit einer neu zu schreibenden Schnittstelle ein CAD-Programm und ein Man-Model-System zu verbinden, ist zwar möglich, diese muß jedoch für eine andere Kombination wieder aufs Neue entwickelt werden. Gleichzeitig sollte immer bewußt bleiben, daß Schnittstellen meist einem Nadelöhr gleichen und nicht nur Verbindungsglied sondern auch Schwachstelle zwischen zwei leistungsfähigen Programmen sein können. So wird ihre Benutzerführung nur ganz selten an die der Hauptprogramme heranreichen. Supportprobleme komplizieren die Anbindungen zusätzlich.

Da viele CAD-Systeme immer noch keine Schnittstelle mit einer verbreiteten höheren Programmiersprache, z.B. C, zur Verfügung stellen, und statt dessen meist eine mit Mängeln behaftete systemeigene Programmiersprache bereithalten, ziehen es Entwickler vor, ihr Man-Model mit dieser in ein CAD-Programm einzubinden. Auf diese Weise gibt es zwar die von vielen bedauerte Exclusivität, aber gleichzeitig auch eine überproportionale Leistungssteigerung. Sie wird dadurch erreicht, daß das Man-Model-System jederzeit alle Leistungen des Partnerprogramms nutzen kann, ohne sie selbst zur Verfügung stellen zu müssen. Und umgekehrt vervielfacht das Ergonomieprogramm mit seinen speziellen Qualitäten auch noch die des CAD-Systems. Auf diese Weise können Man-Model-Programme relativ klein gehalten werden. Und wenn es gelingt, die Menüführung des Ergonomie-Programmes gleich der CAD-Menüführung zu gestalten, und ganz schnelle Programmwechsel und Datentransfers in die jeweilige Partnerdatei zu ermöglichen, dann sind einige wichtige Voraussetzungen für ein leistungsfähiges Paket geschaffen. Das sind jedoch nur periphere Überlegungen. Der Planungsansatz insgesamt ist umfassender und schließt auch Anforderungen mit ein, die nicht schon in den ersten Versionen verwirklicht sein müssen.

2. Man-Model-Entwicklung

2.1 Planungsansätze

<> Zielrichtung
Adressat und Branche, Ergonomie-, Analyse- und Gestaltungsschwerpunkte, Input- Output-Qualität

<> Programmstruktur
Baum- oder Ringstruktur, Programmgeneratoren zum Codieren bestimmter Problemlösungen, Dialog- oder Interaktivsystem (Menü), Programmentwicklungsstufen, Programmiersprache

<> Rechnerkategorien
Rechnergröße, Betriebssystem

<> CAD-Einbindung
2D-, 2.5D- oder 3D-Dialog- oder Interaktivprogramme, Applikationsvielfalt, systemeigene Programmiersprachen, Draht-, Flächen- oder Volumenmodellierung im CAD-Programm

<> Daten und Datenbanken
nationale/internationale aus Anthropometrie, Biomechanik, Energetik, Informationsverarbeitung, Zeiterfassung, offene Datenlisten und ergonomisch-sicherheitstechnische Datenbanken, graphische Datenbanken

<> Methoden und Verfahren
Modifizierung bewährter Ergonomiemethoden (MTM, OWAS etc.)

<> Graphische Leistungen
Linien-, Polyline-, Linien-Bogen-, Flächen-, Volumen- oder Polygon-Gummimodelle

<> Mensch-Modelle
Unisex oder Mann und Frau, Normaltypen, Somatotypen, Disproportionale, Kinder, Nationalitäten, Schwangere, Behinderte als statische Modelle oder Typen, Körpergrößen und Proportionen jeweils neu modelliert aus Datenbanken (proportionale und allometrische Skalierung) Anzahl der Körperteile, inneres und äußeres Modell (Skelett und Muskel), Qualität der Gelenke und kinematischen Ketten

<> Modell-Zusätze
Bekleidung und Schutzkleidung, Handwerkszeug, vordefinierte und definierbare Umgebung

<> Sehen
Kamerafunktion axonometrisch oder perspektivisch, modulare Sehentfernung (Zoomen) mit oder ohne Augenbewegung, Fokusierung,
Kombination von Sehen und Reflexanimation

<> Animation
> im globalen und/oder lokalen Koordinatensystem, Drehgelenke oder Dreh-Bahnen-Gelenke, Winkelbegrenzungen, offene und geschlossene kinematische Ketten, 2D- und/oder 3D-Dateneingabe und/oder 2D-3D-Cursororientierung, Reflexanimation mit oder ohne Kamerafunktion, Phasenbewegung (Inkrements) Animationsspeicherung und Animationsreport Animationsgrundmuster (Körperhaltungen)

<> Gravitation
> Schwerpunktberechnung des Gesamtkörpers oder seiner Teile, Gleichgewichtsausgleich interaktiv oder automatisch mit oder ohne Lastgewicht

<> Kräfte und Momente
> Kraftmessungen an einzelnen Gelenken und/oder in definierten kinematischen Ketten, Kraft-Weg-Abhängigkeit, Zeit und Häufigkeit, Typ- oder Individuum-bezogen, Ergebnisse in Promptzeile oder Report (Protokoll), Modifizieren bewährter Verfahren

<> Analyseverfahren
> bemaßen, beschriften, markieren, visuelle Kontrolle am Modell, am Objekt und zwischen beiden, in Ansichten und räumlich, zeichnen mit einfacher und/oder komplexer Graphik, ein Modell in Umgebung oder gleichzeitig mehrere, Protokoll, Report In- und Output-Qualität

<> Objektbibliotheken
> Bereitstellung und Anleitung zur Konstruktion von analyserelevanten technischen Objekten, (Werkzeuge, Fahrzeuge, Möbel etc.)

<> Organisation
> Organisationsformen für Entwicklung und Marketing, Expertenberatung (Physiologie, Orthopädie), Programmieraufwand und Zeit, Programmpflege und Parallelentwicklungen, Handbuch, Hotline, Schulungen, Publikationen; Kosten

2.2 Planungsaufwand

Mit Sicherheit kann man davon ausgehen, daß der Beratungs- und Planungsaufwand für die Entwicklung älterer Man-Model-Systeme nicht so umfangreich war, wie o. beschrieben. Aber ebenso sicher ist mit einer Zunahme der Planungsvorbereitung bei zukünftigen Systemen zu rechnen. Dafür sorgen die steigenden Ansprüche der potentiellen Anwender sowie die wachsende Verfügbarkeit der Entwickler über Expertenwissen.

Nach Abschluß der Planungs- und Entscheidungsphase nimmt die Phase der Datensammlung, -auswertung und -aufbereitung einen besonders breiten Raum ein. Durch auftretende Widersprüche in den zu vergleichenden Daten und durch Ermittlung zwingend erforderlicher neuer Daten wird diese Phase zeitlich zusätzlich verlängert. Denn parallel dazu sind bewährte Ergonomiemethoden dahingehend zu prüfen, ob und mit welcher Modifikation sie evtl. in das Man-Model-Programm übernommen werden können. Und nicht zuletzt interessieren sich die Entwickler auch für die Leistungen konkurrierender Systeme sowie für die Leistungen der CAD-Programme, mit denen die Neuentwicklung arbeiten soll.

Darüberhinaus wird es nützlich sein, die Finanzierung der Entwicklung und der daran anschließenden Programmpflege zu sichern. Die Aufnahmefähigkeit des Marktes muß, wenn Aufträge an entsprechende Forschungsinstitute nicht bezahlbar sind, durch umfassende Diskussionen mit potentiellen Anwendern abgeschätzt werden.

3. Konkrete Leistungen

Leistungsansprüche an Man-Model-Systeme lassen sich abstrakt diskutieren, mit der Gefahr, den realen Möglichkeiten zeitgemäßer Technologie weit vorauszueilen. EDV-Unkundige verlieren sich leicht in Uthopien, indem sie Rechnerleistungen überschätzen und z.B. videoähnliche Animationen mit umfangreichen Graphiken auf einem AT erwarten. Ihre Enttäuschung ist groß, wenn sie bei Bewegungsdarstellungen menschlicher Figuren bei dieser Maschinen-Kategorie viel zu lange auf den Bildschirmaufbau warten müssen. Graphik ist grundsätzlich sehr rechenintensiv. Komplexe Menschdarstellungen, vielleicht gleichzeitig mit einer detaillierten Umgebung (Stuhl, Schaltpult mit Armaturen) erfordern vom Anwender bei der Verwirklichung auf DOS-Rechnern etwas Geduld.

Um unrealistischen Erwartungen zu entgehen, sollen hier Leistungsansprüche erörtert werden, die in den Systemen ANYBODY (1988/89) und ANTHROPOS (1990) verwirklicht wurden. Sie haben sich in der internationalen Praxis bewährt und sind Grundlage für weitere Optimierungen und Anregungen für ähnliche Entwicklungen.

3.1 Zielrichtung

Wegen der enormen Entwicklungskosten ist eine umfassende Planung zwingend erforderlich, an der alle Team-Mitglieder und Vertreter potentieller Anwenderkreise beteiligt sein sollten.
Exakte Teilziele am Anfang eines Planungsprogramms festzulegen, kann sehr leicht zu einer Einengung der Gesamtleistungen führen. Deshalb ist es besser, nur Zielrichtungen zu formulieren und Teilziele erst im Verlauf der Entwicklung festzuschreiben. Auf diese Weise sind neue Erkenntnisse und Erfahrungen leichter in den Prozeß mit einzubeziehen, und sprunghaften Weiterentwicklungen auf der Hardwareseite kann sofort Rechnung getragen werden.

Am ehesten ist der Kreis potentieller Anwender (Berufe, Branchen-Abteilungen) festzulegen. Das angestrebte Niveau (industrielle Praxis ----> Forschung) sowie ausgewählte ergonomische Schwerpunkte (Anthropometrie / Energetik / Vorgabezeitanalyse / Datenbanken) werden im Planungsverlauf seltener einer Revision zu unterwerfen sein. Erfahrene Teams benötigen für die Entwicklung eines marktfähigen Programms ein bis zwei Jahre. Zwei weitere Jahre sind erforderlich, um das in den Markt eingeführte Produkt zur vollen Leistung zu bringen und der Fachwelt bekannt zu machen. Die Festlegung der offenzuhaltenden Ziele ist für den Erfolg eines Man-Model-Systems von einer nicht zu unterschätzenden Bedeutung.

3.2 Programmstruktur

Damit bei zukünftigen Systemen die Weiterentwicklung mit steter Aufnahme von Expertenwissen über viele Jahre garantiert werden kann, wird es zweckdienlich sein, den modularen Programmaufbau nicht mehr in einer hierarchischen Baumstruktur (ANYBODY), sondern in Ringstruktur (ANTHROPOS) anzulegen, wobei um einen Kern (Datenbanken) beliebig viele Module angeordnet werden, die über diesen miteinander korrespondieren können.

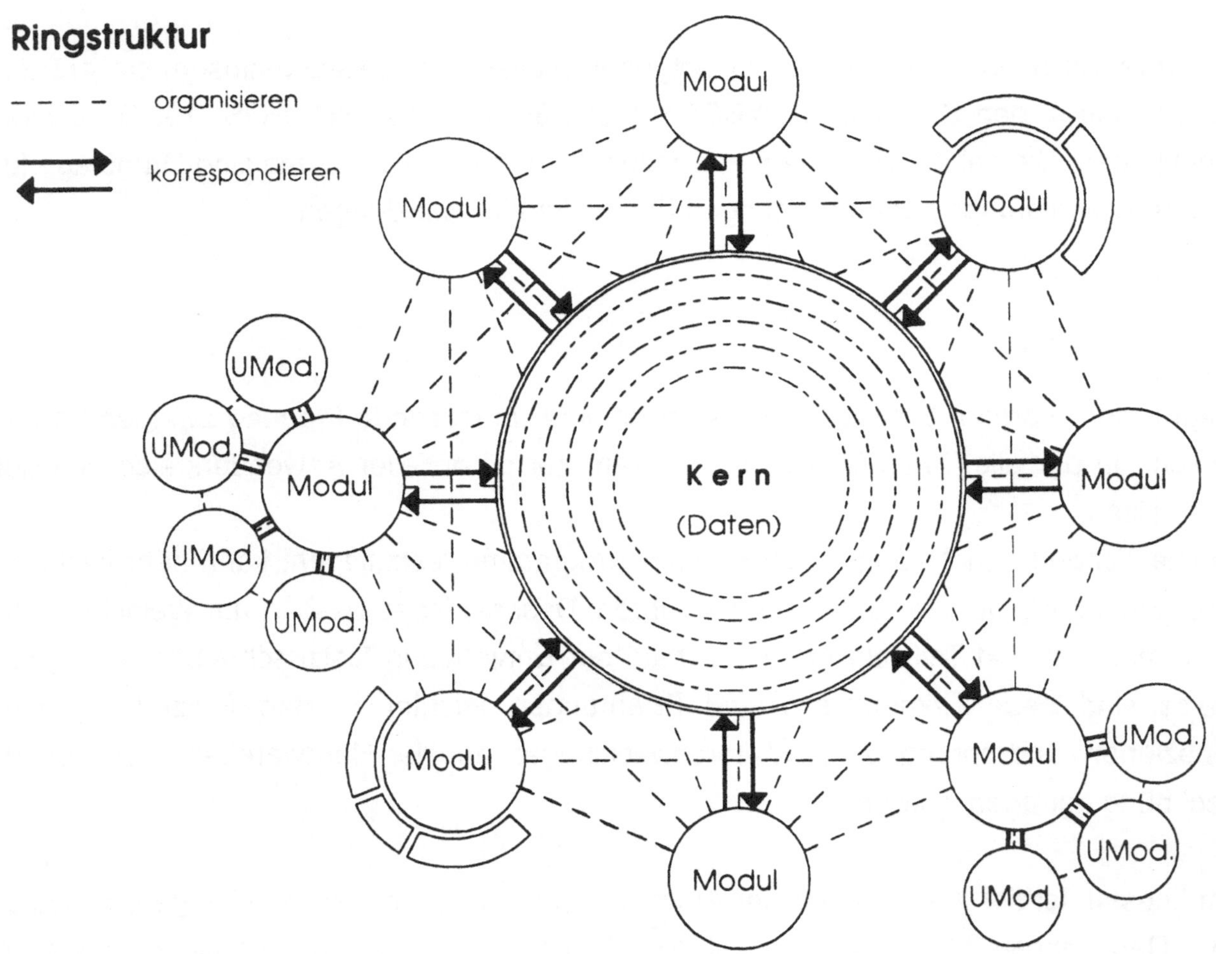

Bild 2 Ringstruktur in ANTHROPOS

Das Ausbrechen eines Moduls aus dem Ring oder dessen Vergrößerung oder Erweiterung in Untermodule darf das System genau so wenig beeinflussen, wie das Hinzufügen beliebig vieler neuer Module (Leistungen).

3.3 Rechnerkategorie

Um höchstmögliche Leistungen verwirklichen zu können, sollten Man-Model-Systeme nur für Mainframes entwickelt werden. Dem stehen jedoch mehrere hohe Hindernisse entgegen. Die Maschinen und die entsprechenden CAD-Systeme sind sehr teuer und nur eingeschränkt benutzerfreundlich. Nur große Unternehmen können sie deshalb einsetzen. Das mögen auch die Gründe dafür sein, daß die meisten Ergonomie-Programme für die mittlere Rechentechnik verwirklicht wurden. Große Maschinenleistungen und rückläufige Preise werden diese Entwicklung noch einige Zeit aufrecht erhalten, und der Anwenderkreis wird immer größer werden. Dennoch ist nicht abzusehen, wann und in welchem Umfang auch dort solche Maschinen eingesetzt werden, wo man Man-Models dringend benötigt. Das sind mittelständische Betriebe und Hochschulinstitute, Ergonomieabteilungen der Großindustrie, Behörden und Berufsgenossenschaften, Berufsschulen und betriebliche Ausbildungsstätten sowie kleine Beratungsbüros. Die Chance, daß man sich dort zu preisgünstigeren PC's 386 oder 486 durchringen wird, ist größer, als die Wahrscheinlichkeit, Workstations einzusetzen. Das kann eine zusätzliche Motivation sein, Man-Models auf PC zu verwirklichen. Sich für DOS zu entscheiden, geschieht nicht, weil man von der Leistung des Betriebssystems überzeugt ist. Es ergibt sich aus dem Verbreitungsgrad und dem ausgewählten CAD-System.

3.4 CAD-Einbindung

Man-Models sind nur dann sinnvoll, wenn sie in einer leistungsfähigen CAD-Umgebung leben. Dabei müssen beide Systeme zu einem einheitlichen Werkzeug vereint werden. Die Leistungen eines Programmes wiederholen sich nicht im anderen, werden aber vom jeweiligen Partnersystem voll genutzt. Die Qualität des CAD-Proramms bestimmt u.a. auch die Qualität des Man-Models. So wird in einem 2D- oder 2.5D-CAD-System kein 3D-Man-Model genutzt werden können. Und wenn in CAD keine beliebigen Konstruktionsebenen definiert werden können, wird die Man-Model-Animation nur mit größtem Aufwand in Lokalkoordinaten zu verwirklichen sein.

Desgleichen ist die Entscheidung wichtig, ob das Man-Model in einer pixelorientierten Umgebung arbeiten soll (das Ergebnis sind schöne Dias), oder ob es in einer vektororientierten Umgebung genutzt werden kann und korrekt bemaßte Zeichnungen als Analyseergebnis zur Verfügung stellt.

Entscheidend für eine Partnerschaft ist aber auch die Benutzerfreundlichkeit (Interaktiv- oder Dialogsystem) und der Verbreitungsgrad einer CAD-Software sowie die Qualität der für die Vereinigung zur Verfügung stehenden (System-) Schnittstelle. Nach sorgfältiger Prüfung aller relevanten Bedingungen hat das IST-Team für seine beiden Systeme die CAD-Software CADKEY ausgewählt und Einbindungsmöglichkeiten in andere Programme vorbereitet.

3.5 Daten und Datenbanken

Zwei Grundforderungen wird man nicht widersprechen können. So muß es selbstverständlich sein, immer die jeweils neuesten menschbezogenen Daten zu verwenden, alle Upgrates ihnen anzupassen und gleichzeitig jede Datenquelle zu benennen. Das bezieht sich aber nicht nur auf die im Programm verwendeten Daten zur Modellierung und Animation der Figuren, sondern auch auf die für die Programmanwender bereitgehaltenen modifizierten Daten (Listing) sowie auf die aufgaben- und bereichsbezogenen Datenbanken, die als Zusatzmodule zur Verfügung gestellt werden.

3.5.1 Programminterne Daten

Für die Man-Model-Generierung müssen, wenn nicht abweichende Ziele entgegenstehen, Anthropometriedaten aus folgenden Bereichen genutzt werden.

a) Somatometrie   (anthropometrisch-statisch-statistische Daten)
b) Somatotypie   (Menschentypen)
c) Nationalitäten   (entsprechend a. und b.)
d) Allometrie   (proportionale Abweichungen über das Alter)
e) Proportionalitäten (disproportionale Abweichungen z.B. Sitzriesen, Sitzzwerge)
f) Akzelerationen   (totale und proportionale Veränderungen über Generationen)

Wenn ein Programm für den internationalen Markt entwickelt werden soll, werden zuerst auch nationale Daten herangezogen werden müssen. Für die Anthropometrie ist das in erster Linie das "Handbuch der Ergonomie", DIN 33 402 und der "Anthropologische Atlas" (Flügel, Grein, Sommer 1983). Für Somatotypen, Disproportionale sowie Allometrie bieten sich Daten des o. Autorenkollektivs an. Für verwendbare internationale Daten sollen aus dem Gesamtangebot "bodyspace" (Stephen Pheasant, 1986) und Dreyfuss erwähnt werden. Darüberhinaus wird man für Biomechanik auf Daten von Kampandji, Debrunner und Miltenyi zurückgreifen müssen, während man für den komplexen Bereich Energetik die DIN 33 411, ergonomische Handbücher (z.B. Schmidtke) und div. Bewertungsverfahren zu Rate ziehen sollte.

3.5.2 Datenlisten

Auch dann, wenn die Anwender der Ergonomie-Programme die meisten Informationen aus den Bildschirmgraphiken und deren Dokumentationsverfahren erhalten, ist es sinnvoll, ihnen wichtige Daten als "Listing" zusätzlich anzubieten. Sie dienen der Ergänzung und Vertiefung der vom Bildschirm erhaltenen Werte. Dabei sollten die Daten jedoch in einer sinnvolleren Form angeboten werden, als sie z.Zt. in Veröffentlichungen vorliegen. Zumeist werden dort pro Druckseite ein oder zwei Maße (z.B. Augenhöhe, Schulterhöhe) für die 5., 50. und 95. Perzentile altersabhängig aufgeführt. Bei der alleinigen Verwendung von Datenbanken für ergonomische Analysen kann das nachteilig sein. Benötigt man viele Maße für ein bestimmtes Alter, müssen diese von entsprechend vielen Druckseiten abgelesen werden. Die Mehrzahl der dabei gebotenen Informationen benötigt man nicht, sie stören sogar; Lese- und Übertragungsfehler sind unausbleiblich.

VERGLEICH: D I N 33 402 - HdE - (DDR) AA						
95% SEITE 4	maennlich			weiblich		
	DIN	HdE	AA.	DIN	HdE	AA
5.13 Mittelfingerbreite handnah	23	23	-	20	-	-
5.14 Mittelfingerbreite handfern	20	20	-	17	-	-
5.15 Zeigefingerbreite handnah	23	23	-	20	-	-
5.16 Zeigefingerbreite handfern	21	21	-	17	-	-
5.17 Daunenbreite koerperfern	25	25	-	21	-	-
5.18 Kleinfingerlaenge	71	71	-	68	-	-
5.19 Ringfingerlaenge	86	86	-	80	-	-
5.20 Mittelfingerlaenge	93	93	87	85	-	82
5.21 Mittelfingergrundgliedlaenge	-	-	30	-	-	28
5.22 Mittelfingermittelgliedlaenge	-	-	31	-	-	29
5.23 Mittelfingerendgliedlaenge	-	-	31	-	-	28
5.24 Zeigefingerlaenge	83	83	-	76	-	-
5.25 Daunenlaenge	75	75	86	68	-	74
5.26 Handflaechenlaenge	118	118	-	107	-	-
5.27 Handlaenge	201	201	205	191	-	189
5.28 Handbreite nit Daunen	114	113	113	101	-	101
5.29 Handbreite ohne Daunen	94	92	93	85	-	84
5.30 Handdicke						
5.31 Fingerkuppenradius						
5.32 Greifdurchnesser 1						
5.33 Greifdurchnesser 2						
5.34 Greifdurchnesser 3						
5.35 Greifdurchnesser 4						
5.36 Kreisfoernige Durchgrel						
6.1 Projektivische Beinlaen						
6.2 Schritthoehe*						
6.3 Gesaessfaltenhoehe*						
6.4 Kniegelenkhoehe						
6.5 Fussknoechelhoehe nedia						
6.6 Fussknoechelhoehe later						

LISTE DER EXKURSIONSWINKEL IN GRAD					
SEITE 6					
	Debr.	Kapan.	DIN	Milt.	
13. Handgelenk					
13.1 Palnarflexion	50-60	85	75	80-90	xz r+/l-
13.1 Dorsalflexion	35-60	85	60	70-80	xz r-/l+
13.2 daunenvaerts	25-30	15-20	20	15-20	yz -
13.2 nach aussen	30-40	45	40	30-40	yz +
14. Daunen					
14.1 Palnarbewegung	70	-	-	35-40	yz -
14.2 senkrecht zur					
Palnarebene	70	-	-	-	xz r+/l-
14.3 Beugung					
Grundgelenk	-	-	-	15	yz +
14.4 Beugung 1.Glied	50	35-40	-	50	yz +
14.5 Beugung 2.Glied	80	80	-	80	yz +
15. Finger II-V Grundgelenk					
15.1 Beugung	-	-	-	90	xz r+/l-
15.2 Streckung	10-30	20-30	-	20-30	xz r-/l+
Finger II					
15.3 Beugung 1. Glied	100	90	-	105	xz r+/l-
15.3 Beugung 2. Glied					
Grundgelenk	90	-	-	90	xz r+/l-
15.4 daunenvaerts	-	30-35	-	30-35	yz -
Finger III Grundgelenk					
15.5 daunenvaerts	-	-	-	15-20	yz -
15.5 nach aussen	-	-	-	30-35	yz +
Finger IV Grundgelenk					
15.6 nach aussen	-	-	-	20-25	yz +
Finger V Grundgelenk					
15.7 nach aussen	-	-	-	40-45	yz +

Bild 3 Datenlisten in ANYBODY und ANTHROPOS

Das IST-Team bietet deshalb DIN-Datenlisten anwendungsfreundlicher, d.h. nur jeweils auf ein Lebensalter bezogen, an. Unterschieden in männlich und weiblich können alle Daten perzentilabhängig im durchgehenden Katalog abgerufen, verglichen und ausgedruckt werden. Als Vergleich stehen diese Daten auch in Gegenüberstellung zu den Daten des Handbuchs der Ergonomie und des Anthropologischen Atlas' zur Verfügung. Dieser Service soll um Daten aus anderen Datenbanken erweitert werden. Im ASCII-Format kann der Anwender selbst die Listen ergänzen oder betriebsinterne Datenbanken anlegen. Im Gegensatz zu den internen Daten greifen die Arbeitsprogramme für Animation, Körpergrößen und Proportionen nicht auf die hier empfohlenen Daten zu. Der Listeninhalt dient allein den Anwendern als Zusatzinformation und zur Maßkontrolle in der nicht graphischen Beweisführung.

3.5.3 Ergonomisch-sicherheitstechnische Datenbanken

Man-Model-Systeme werden neben den konstruktionsrelevanten Bereichen in Maschinenbau und Fahrzeugtechnik ihre Anwendung vor allem in der Arbeitsplatzgestaltung und im Arbeitsschutz finden. Aber gerade in den beiden letzteren Bereichen kann und will ein Man-Model-System bei weitem nicht alle erforderlichen Antworten geben, die viele Anwender benötigen. Aus diesem Grund kann es nützlich sein, unabhängige oder integrierte Datenbanken für allgemein ergonomische Leitregeln und für spezielle Problemfelder der Ergonomie und Sicherheitstechnik (Arbeitsschutz) als optionale Module bereitzustellen. Dabei sollten die Anforderungen an die zu erstellenden Datenbanken nicht hinter denen des Hauptprogrammes zurückstehen, das betrifft die Aktualität der aufbereiteten Daten ebenso, wie die Qualität der Graphik und des gesamten Layouts.

3.6 Methoden und Verfahren

Jedes Entwicklerteam wird sich darum bemühen, bewährte Ergonomiemethoden und -bewertungsverfahren modifiziert und aktualisiert mit in das Man-Model-System aufzunehmen. Das ist u.a. erfolgreich gelungen mit der OWAS-Methode zur Bewertung von Körperhaltungen in dem Produkt HEINER (TH Darmstadt) und mit der MTM-UAS-Methode zur Taktzeitanalyse im Produkt ERGOMAS (DELTA-GmbH). In das Programm ANYBODY wurde eine Methode zur Ermittlung von Grenzlasten beim Heben und Tragen von Lasten integriert, die auf BURANDT/SIEMENS/REFA zurückzuführen ist.

3.7 Graphische Leistungen

Graphische Leistungen lassen sich vordergründig nach ästhetischen und informatorischen Qualitäten bewerten. Erstere haben einen großen Einfluß auf die Akzeptanz eines Modells; denn "menschlich" aussehende Figuren werden roboterähnlichen mit Sicherheit vorgezogen werden. Ohne informatorische Qualität hat das allein schöne Modell aber nur eine geringe Bedeutung. Erst der Informationsgehalt macht - in Kombination mit einer hohen ästhetischen Qualität - den Wert der Graphik aus. Beide Kategorien im Man-Model-System haben sich im Laufe der letzten beiden Jahrzehnte, auch rechnertechnisch bedingt, verändert. So finden wir Systeme mit Linien- oder Polylinienmodellen, Linien-Bogenmodellen, Flächen- oder Volumenmodellen.

3.8 Menschmodelle

Im Gegensatz zu den bisher üblichen Verfahren sollten die Figuren nicht nur mittels Skalierung veränderbare und über Gelenkpunkte in Körperhaltungen animierbare statisch feste Modelle sein. Durch die getrennte Behandlung von Daten und Graphiken ist vielmehr anzustreben, die Modelle in unterschiedlicher graphischer Qualität sowie in Abweichung von Körpergröße und -typ, Geschlecht und Alter aus der jeweiligen Datenbank immer neu aufzubauen. Damit wäre nicht nur eine unendliche Vielfalt, sondern auch die zu Recht geforderte proportionale Exaktheit der Körper- und Körperteilmaße mit großer Annäherung zu erreichen. Die verschiedenen Denkansätze, statische Modelle einerseits und aus Datenbanken jeweils neue Modellierungen andererseits, zeigen beispielhaft die System-Graphiken der Man-Models ANYBODY und ANTHROPOS, deren Entstehungszeiten nur zwei Jahre auseinander liegen.

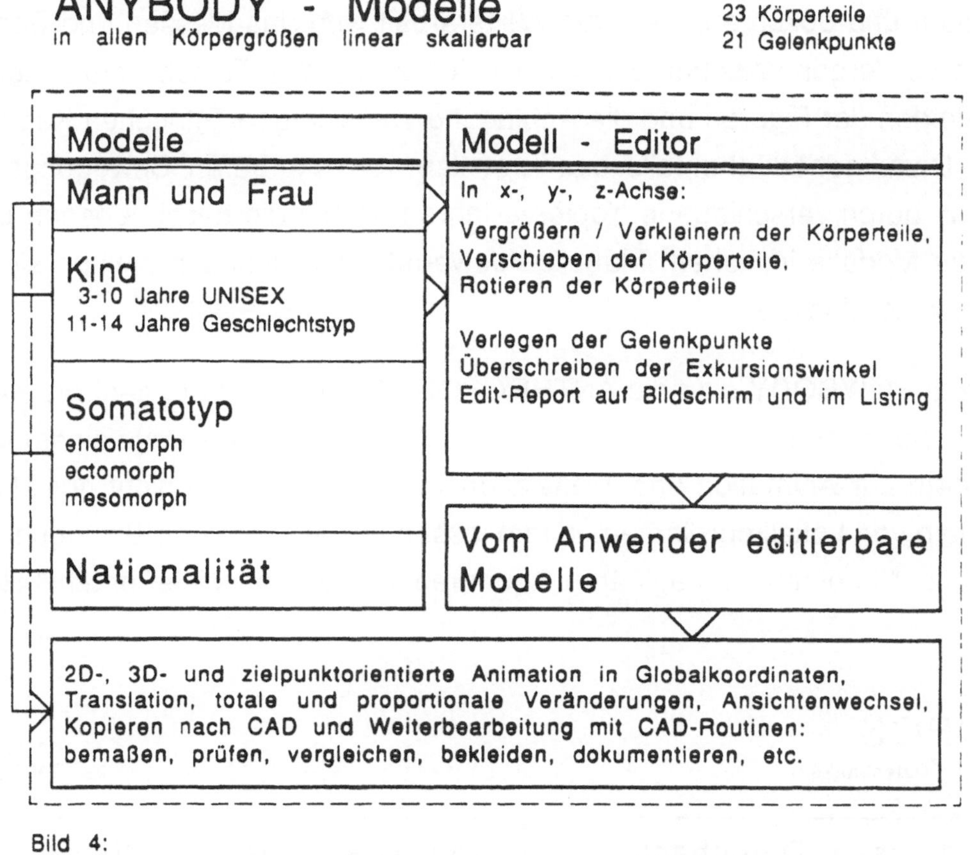

Bild 4:
Die zentrale Einheit der 3D-Ergonomieschablone ANYBODY ist, genau wie bei vergleichbaren Systemen, das Menschmodell, um das sich alle anderen Leistungen gruppieren.

In der zentralen Einheit von ANYBODY sind die statischen Figuren als 3D-Drahtmodelle angelegt. Sie liegen als verschiedene Typen (Mann, Frau, Kind, Somatotyp und Nationalität) in einer Datenbank und können jederzeit maßlich linear in der Körpergröße oder in ausgewählten Porportionen verändert werden. Darüberhinaus verfügt ANYBODY als einziges System über einen Editor zur Modelländerung oder zur Neumodellierung anderer Figuren (Individuen, Behinderte etc.).

Um die statisch fixierten Figuren herum gruppieren sich alle anderen Leistungen. Das sind 2D- und 3D-Animationen in Globalkoordinaten und korrekten Exkursionswinkeln durch Dateneingabe (Winkel) sowie zielpunktorientierte Animation in der Ebene mittels Cursor durch Angabe von Körperteil, Ausgangs- und Endwinkel (Zielpunkt), ebenso 2D- und 3D-Transformation zielpunktorientiert oder durch Dateneingabe.
Animationen und Transformationen lassen sich speichern und zu jeder anderen Figur in Grundstellung wieder aufrufen.

Da ANYBODY mit einer eigenen Datenbank arbeitet, können Bildschirminhalte jederzeit als Temporärfile (quasi leihweise) nach CADKEY portiert werden. Dort lassen sich Umgebungselemente (Möbel, Werkzeuge, Maschinen) gemeinsam mit der Figur zu einer Analyseeinheit arrangieren. Nachdem der veränderte Bildschirminhalt nach ANYBODY zurückgeführt wurde, kann die Figur weiter manipuliert werden. Nach Beendigung der Arbeit läßt sich ANYBODYi in die CADKEY-Datenbank kopieren, mit CADKEY-Routinen weiter bearbeiten und dokumentieren. Als Weiterarbeit wird das Messen und Bemaßen, das Markieren von ergonomischen Schwachstellen sowie das Texten verstanden, aber auch das Bekleiden der Figuren und die Anbindung von sichtgeometrischen Kegeln oder Werkzeugen. Dazu gehört ebenfalls das Erstellen von meßbaren Bewegungsphasen oder Hüllkurven durch verschiedene Kopierverfahren. Durch die beschriebenen Leistungen werden die Modelle in hohem Maße aufgewertet, aber dennoch bleiben sie immer nur puppenähnliche Modelle.

Im Gegensatz zu ANYBODY sind die ANTHROPOS-Modelle nicht der zentrale Kern des Programms. In dieser neuen Entwicklung besteht die zentrale Einheit aus einem komplexen Raumsystem zur Animation und Translation von 3D-Modellen - nicht nur Menschfiguren - innerhalb von Lokalkoordinaten. In ihm lassen sich komplizierte Bewegungen von "inneren Modellen" in einem immaginären Raum rechnen und anschließend mit Hilfe von

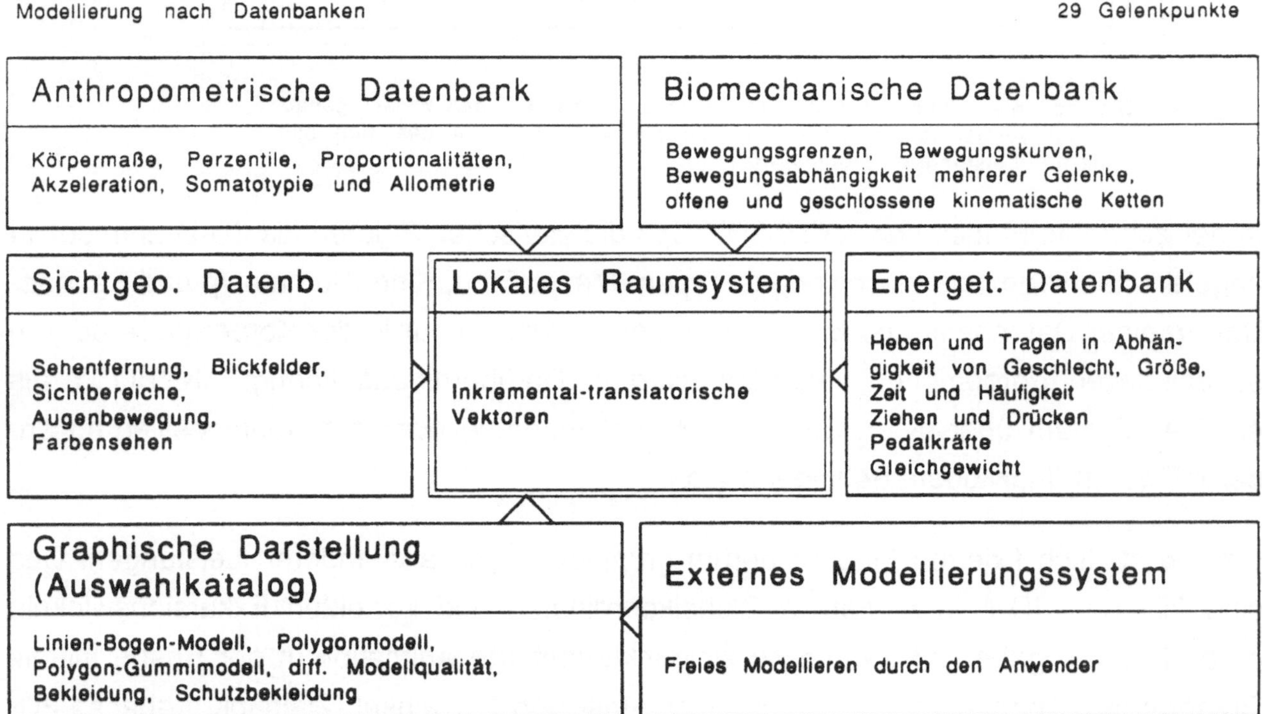

Bild 5: Die zentrale Einheit der Ergonomie-Software ANTHROPOS ist ein lokales Raumsystem zur Animation und Translation im 3x3D-Koordinatensystem, das sich jeweils der angegliederten Datenbanken bedient.

Informationen aus umfassenden Datenbanken in akzeptablen Graphiken visualisieren. Je nach erforderlichem und durch die Analyse zu bestimmendem Output wählt der Anwender die entsprechende Modellqualität. ANTHROPOS stellt dafür unterschiedliche Graphikroutinen zur Verfügung. Die Modelle können während der Arbeit gegen andere ausgetauscht oder zu einer Modellgruppe von max. neun Figuren (Familie, Team) zusammengestellt werden. Alle "auf der Bühne", d.h. auf dem Monitor sichtbaren Modelle lassen sich nacheinander animieren, und die Animation einer Figur ist auf jede andere zu übertragen. Vor und auch während der Analyse kann sich der Anwender zwischen unbekleideten oder bekleideten Figuren entscheiden, die er mit Hilfe des Ikonenmenüs einfach auswechselt. Falls er einer Figur ein Handwerkszeug oder ein Transportmittel (Tablett, Karton, Sortierkasten) hinzufügt und die neue graphische Einheit kompiliert, läßt sich diese genau so animieren, wie originale ANTHROPOS-Modelle.

Besonders wichtig, und bei PC-Programmen nicht selbstverständlich, ist die alters- und perzentilproportionale Skalierung der Figuren. Der übliche Ansatz, daß der Mensch zwischen 15 und 65 Jahren proportional gleich bliebe und die Proportionen aller Perzentile gleichen Skalierungsfaktoren unterliegen, ist falsch und wird in ANTHROPOS nicht mehr aufrecht erhalten.

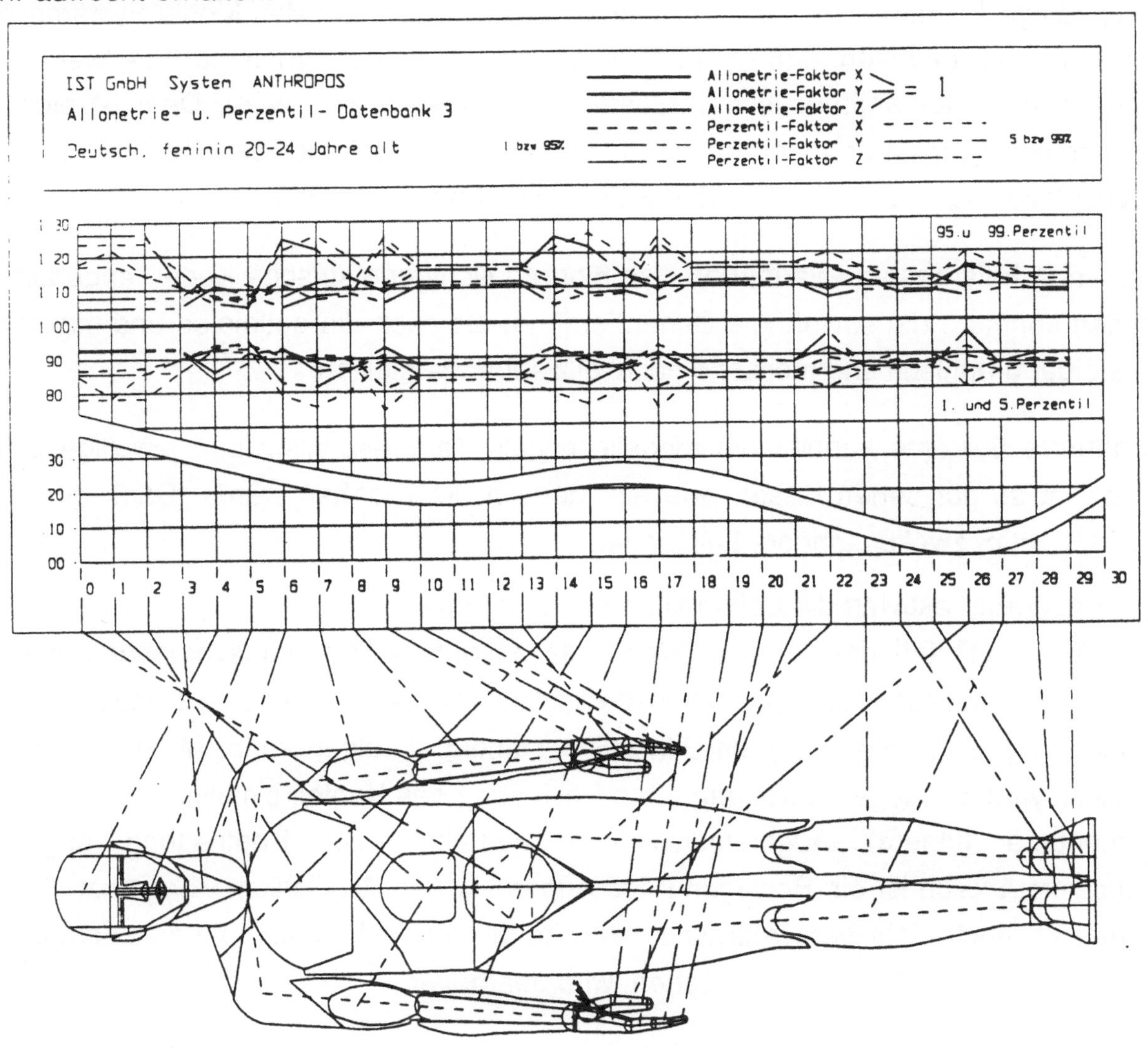

Bild 6   Teil einer Allometrie-/Perzentil-Datenbank im ANTHROPOS-System

3.9 Modell-Zusätze (Objektbibliotheken)

Die den Man-Models zugrundeliegenden anthropometrischen Daten wurden an nackten Menschen ermittelt. Demzufolge stellen die Modelle zumeist nackte Menschen dar. Für besondere Anwendungsfälle kann es jedoch wichtig sein, die Figuren zu "bekleiden". Desgleichen müssen bei bestimmten Analysen die Modelle Handwerkszeuge, Sichtkegel, Materialkisten etc. mitführen. Auch div. Stühle, Möbel, Sortierkästen, Fahrzeugarmaturen u.v.m. abrufbereit zur Verfügung gestellt, kann die Arbeit beschleunigen.

Bei ANYBODY und ANTHROPOS sind diese Forderungen erfüllt. Anwenderwünsche werden permanent aufgegriffen und weitgehendst verwirklicht. Aus einer obligatorischen Objektbibliothek lassen sich Kleidung, Werkzeuge, Transportmittel (in 3D) laden. Der Anwender kann selbst die Bibliothek erweitern.

3.10 Sichtgeometrie

Einschlägige Literatur, die Zeichenschablonen und auch die Man-Model-Systeme suggerieren im allgemeinen, daß mit der Lösung geometrischer Probleme (Greifweiten und Greifbereiche) der ergonomischen Gestaltung Genüge getan wäre. Dem ist nicht so. Weitaus wichtiger und dringender ist es, sich mit den Problemen des Sehens auseinanderzusetzen. Das muß von Man-Model-Systemen unterstützt werden.

Eine erste Hilfe bestand darin, daß den Figuren sichtgeometrische Kegel "angebunden" werden konnten, die sowohl die Sehentfernung, als auch die optimalen und maximalen Blickfelder graphisch und messend nachvollziehbar darstellten.

Modernere Systeme können die Modelle mittels Kamerafunktion ihre jeweilige Umgebung fast so gut sehen lassen, wie ein Mensch diese sehen würde. Dafür gibt es in ANTHROPOS zwei besondere Leistungen:

a) "AugeEin" aktiviert die Sehfunktion nur für einmal.

b) "AugeAuf" läßt das Auge während des gesamten Animationsvorganges offen, so daß der Anwender die animationsbedingte sichtgeometrische Veränderung (Sehentfernung, Sehwinkel etc.) am Bildschirm ständig verfolgen kann. Mit der "AufKam"-Funktion wird die Augenbewegung ohne Bewegung des Kopfes simuliert. Dabei wird die momentane (innere) Augenposition im Verhältnis zur Kopfhaltung angezeigt. Selbstverständlich ist die Bewegung des Auges - wie in Wirklichkeit - begrenzt. Daß die Figur z.Zt. noch nicht perspektivisch sieht, ist für den Nahbereich ohne Bedeutung. An weiteren Sonderheiten, z.B. Farbsehen, wird gearbeitet.

3.11 Animation

Die Optimalanforderung vieler Systemanwender, daß sich die Modelle genau so wie Menschen bewegen sollen, wird man in absehbarer Zeit nicht erfüllen können. Dafür sind die menschlichen Bewegungsabläufe viel zu komplex und kompliziert. Und dennoch kann man gerade in letzter Zeit in der Animation große Fortschritte und eine beachtliche Annäherung an die natürliche Bewegung feststellen. Dieser Fortschritt wird im wesentlichen dadurch erreicht, daß in modernen Systemen die Animation und Transformation in lokalen Koordinaten (Eulersystem) erfolgt. Dabei bleiben die der Figur zugeordneten Achsen erhalten, ganz gleich, wo und wie sich die Figur und ihre Extremitäten im Raum befinden. Zur natürlichen Bewegung trägt auch bei, daß die kinematischen Ketten nun nicht mehr auf eine Extremität (Arm oder Bein) beschränkt bleiben, sondern als erweiterte oder geschlossene Ketten durch den ganzen Körper gerechnet werden können und sich die Bewegungskombinationen voneinander abhängiger Gelenke, z.B. Oberarm-Schlüsselbeingelenk automatisch einstellt. Und sobald alle bisherigen Punkt-Drehgelenke durch Gelenke ersetzt sein werden, die auf Kulissen (Bahnen) geführt werden, wird man die Biomechanik der Modelle akzeptieren können. Dazu trägt auch die schon im

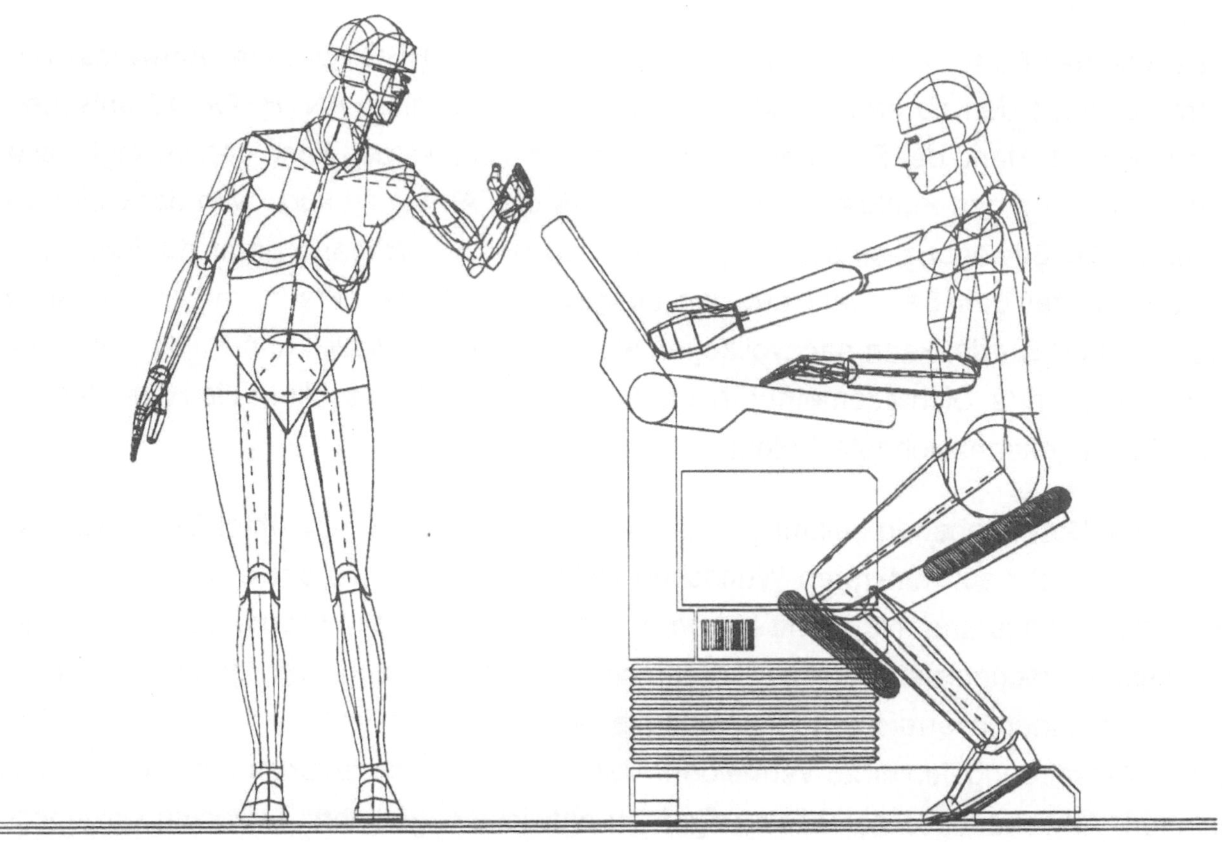

Bild 7 Arbeitsplatzanalyse mit ANTHROPOS

ANTHROPOS verwirklichte Gravitationsberechnung bei. Mit und ohne getragene Last kann das Modell, gleich wie es animiert ist, in sein eigenes Gleichgewicht gestellt werden.

Die Auswahl der zu animierenden kinematischen Ketten erfolgt in modernen Systemen mittels Cursor in einem Ikonenmenü, das die Gelenke darstellt. Der bereits animierte Winkel wird angezeigt. Die korrekt eingestellten Exkursionswinkel können im Animationsprogramm nicht überschrieben werden.

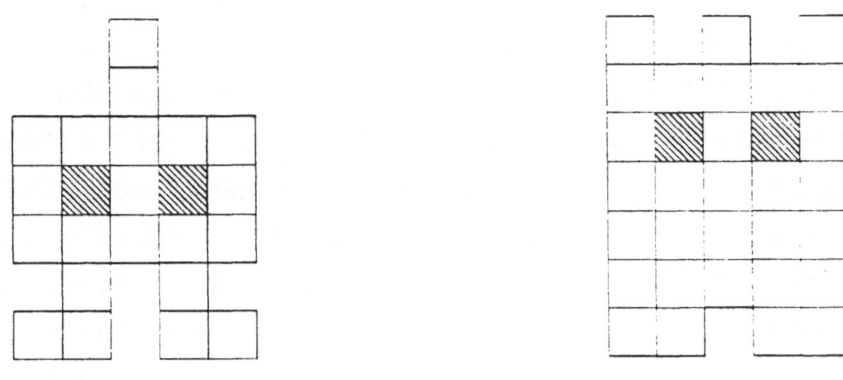

ANYBODY   ANTHROPOS

Bild 8   Animation der kinematischen Ketten mittels Ikonenmenüs

Ein besonderer Fortschritt ist die Reflexanimation in ANTHROPOS. Der Anwender bestimmt nur noch den zu erreichenden Punkt an der Maschine. ANTHROPOS entscheidet, mit welcher Hand der Punkt am bequemsten erreicht werden kann und bewegt diese Hand in Richtung des Punktes. Ist die Reichweite des Armes zu kurz, wird der Oberkörper mit in die Bewegung einbezogen. Parallel zu diesem Vorgang dreht die Figur den Kopf und richtet den Sehstrahl auf den ausgewählten Punkt. Wenn vorher das Auge "eingeschaltet" wurde, kann nachvollzogen werden, wie das Modell den Punkt und seine Umgebung sieht (s. Sichtgeometrie). Mit dem Befehl "greif!" umschließt die Hand das mit einem Punkt gekennzeichnete Objekt.

Solche hier beschriebenen Leistungen sind keine Spielereien überdrehter Entwickler, sie beruhen vielmehr auf konkreten Wünschen vieler Anwender, die direkt oder indirekt an der Produktoptimierung mitgewirkt haben. Sie möchten, daß alle Programmaktionen, die es zulassen, mechanisiert oder gar vollständig automatisiert ablaufen. Und das nicht nur wegen der dadurch erreichten Zeitersparnis, sondern noch viel mehr wegen der Gewißheit, Anwendungsfehler zu vermeiden. Das Team hat sich anfangs heftig gegen das Ansinnen, Anwendungsautomatisierungen zu entwickeln, gewehrt. Jetzt sind wir jedoch sicher, daß dies der richtige Weg zu einer noch größeren Anwenderakzeptanz ist. Nun können auch die in der Ergonomie nicht so erfahrenen Praktiker korrekte rechnergestützte Analysen erstellen. Die außergewöhnlich gute Benutzerführung verkürzt die Lern- und Eingewöhnungszeit erheblich.

Sowohl in ANYBODY als auch in ANTHROPOS lassen sich alle Animationen speichern und zu einer anderen Figur wieder aufrufen. ANTHROPOS verfügt zusätzlich über die Möglichkeit, Bewegungsphasen zu speichern und Figuren in bestimmten Körperhaltungen (div. Sitzpositionen) aufzurufen. Darüberhinaus kann mit mehreren Modellen gleichzeitig gearbeitet werden.

3.12 Gravitation

In ANTHROPOS kann man den Schwerpunkt animierter Figuren berechnen lassen und sie durch Nachanimation in den Schwerpunkt stellen. Bei der Reflexanimation und eingeschaltetem Gravitationsmodul "stellt" sich das Modell selbst in seinen Schwerpunkt. Die Entwickler sind sich dessen bewußt, daß mit dieser Leistung Neuland in der Man-Model-Generierung betreten wurde. An Verbesserungen wird gearbeitet.

3.13. Kräfte und Momente

Anthropometrische Modelle allein haben keine Bedeutung mehr. Bei vielen Analysen müssen neben den Geometrien auch menschliche Kräfte in Abhängigkeit von Zeit und Häufigkeit berechnet werden. Bei der Bewertung von Vorgabezeiten für div. Montagearbeiten o.ä. ist ein Kraftpaket schon heute unerläßlich. Im ersten Schritt hat sich das IST-Team zur modifizierten Übernahme eines seit langem bewährten Systems zur Grenzlastermittlung entschlossen, das aber nicht nur die Grenzlastberechnung vornimmt, sondern die Ergebnisse gemeinsam mit der Graphik (Modell und Umgebung) als Protokoll-Print ausgibt. An weiteren Verfahren wird gearbeitet.

4. Ausblick

Parallel zu anderen Ergonomie-Methoden haben sich Man-Model-Programme mittlerweile in der Praxis bewährt; ihre Akzeptanz im betrieblichen Alltag, in Forschung und Lehre nimmt zu, und das nicht nur, weil sie preiswert und leicht handhabbar sind, sondern weil sich ihre Leistungen - verglichen mit anderen Systemen - in kürzester Zeit vervielfacht haben und mit Sicherheit noch weiter zunehmen werden. Zukünftige CAD-Systeme im Bereich Konstruktion werden sich auf dem Markt nur durchsetzen und behaupten können, wenn sie gleichzeitig über integrierte Kinematikmodule (Mechanik) verfügen. Vielleicht ist die Zeit bald reif, daß darüberhinaus auch Ergonomie-Module zum geforderten Standard gehören.